Duden

Erste Hilfe

Duden

Erste Hilfe

Die 100 häufigsten Fehler

Rechtschreibung, Grammatik & Co.

Von Dr. Anja Steinhauer

Dudenverlag
Berlin

Die **Duden-Sprachberatung** beantwortet Ihre Fragen
zu Rechtschreibung, Zeichensetzung, Grammatik u. Ä.
montags bis freitags zwischen 09:00 und 17:00 Uhr.
Aus Deutschland: **09001 870098 (1,99 €** pro Minute aus dem Festnetz)
Aus Österreich: **0900 844144 (1,80 €** pro Minute aus dem Festnetz)
Aus der Schweiz: **0900 383360 (3.13 CHF** pro Minute aus dem Festnetz)
Die Tarife für Anrufe aus den Mobilfunknetzen können davon abweichen.
Den kostenlosen Newsletter der Duden-Sprachberatung können Sie
unter www.duden.de/newsletter abonnieren.

Bibliografische Information der Deutschen Nationalbibliothek
Die Deutsche Nationalbibliothek verzeichnet diese Publikation in der Deutschen Nationalbibliografie; detaillierte bibliografische Daten sind im Internet über http://dnb.dnb.de abrufbar.

Bibliographisches Institut GmbH, Mecklenburgische Straße 53, 14197 Berlin

Redaktion Melanie Kunkel
Herstellung Maike Häßler

Layout Sigrid Hecker, Mannheim
Satz Sigrid Hecker, Mannheim
Umschlaggestaltung Büroecco, Augsburg
Umschlagabbildung Büroecco, Augsburg
Druck und Bindung Heenemann GmbH & Co. KG
Bessemerstraße 83–91, 12103 Berlin

ISBN 978-3-411-74839-6
www.duden.de

Abkürzungen und Kurzwörter

↑ Apostroph, ↑ Bindestrich, ↑ Plural

ab

Bei Ortsangaben steht die Präposition *ab* nur mit dem Dativ: *ab allen deutschen Flughäfen.* In den übrigen Verwendungen steht *ab* auch mit dem Akkusativ: *ab erstem Mai* / (auch:) *ab ersten Mai; ab vier Nächten* / (auch:) *ab vier Nächte; ab 50 Exemplaren* / (auch:) *ab 50 Exemplare wird Rabatt gewährt.* Nur der Dativ ist möglich, wenn diese Angaben mit einem Artikelwort auftreten: *ab dem 15. Mai; ab der dritten Runde.*

Accessoire

Das Wort wird häufig am Anfang mit [as] statt mit [aks] ausgesprochen und dann entsprechend nicht mit *cc*, sondern auch an dieser Stelle fälschlich mit *ss* geschrieben.

Acht/acht-

- Die Verbindungen *achtgeben / Acht geben* und *achthaben / Acht haben* können getrennt oder zusammengeschrieben werden.
  Bei Getrenntschreibung des Infinitivs wird *Acht* immer großgeschrieben: *ihr müsst achtgeben / Acht geben, ich werde achthaben / Acht haben, gib acht! / gib Acht!, habt acht! / habt Acht!*
- Wenn es eine adverbiale Bestimmung gibt, wird zusammengeschrieben: *ihr müsst sehr genau / gut achthaben, wir werden genau / sehr gut achtgeben.*
- Nur getrennt schreibt man: *allergrößte/große Acht haben, allergrößte/große Acht geben.*
  Getrennt schreibt man auch immer *sich in Acht nehmen, außer Acht lassen.*

Adjektiv

Beugung nach bestimmten Wörtern
↑ ***alle,*** ↑ ***beide,*** ↑ ***folgende,*** ↑ ***irgendwelche,*** ↑ ***sämtliche,*** ↑ ***solche,*** ↑ ***viele,*** ↑ ***wenige***

lila(farben), blaurot/blau-rot
↑ **Farbbezeichnungen**

Steigerung von Adjektiven
↑ **Vergleichsformen**

nach langem[,] schwerem Leiden **(Beugung und Kommasetzung)**

- Stehen bei einem Substantiv zwei oder mehrere Adjektive, dann werden diese **in gleicher Weise (parallel)** gebeugt: *ein breiter, tiefer Graben; hochwertiges pflanzliches Fett; der Preis hochwertigen japanischen Stahls.*
- Zwei Adjektive als **Aufzählungsglieder** werden **mit Komma** voneinander getrennt: *schönes, sonniges Wetter; ein gutes, gesundes Frühstück.*
- Wenn aber das Adjektiv, das direkt vor dem Substantiv steht, mit ihm eine Art **Gesamtbegriff** bildet, beziehen sich die übrigen Adjektive auf diese Einheit und dürfen **nicht durch Komma** getrennt werden: *nach heftigem parlamentarischen Streit* (= der parlamentarische Streit ist heftig, nicht: der Streit ist heftig und parlamentarisch).
  Einen Gesamtbegriff erkennt man daran, dass man die beiden Adjektive nicht vertauschen oder durch *und* verbinden kann.
- Bildet das zweite Adjektiv mit dem Substantiv eine Einheit, die als Ganzes vom ersten Adjektiv näher bestimmt

wird, dann wird das zweite Adjektiv meistens schwach gebeugt (oft mit der Endung *-n*): *nach heftigem parlamentarischen Streit.*

mir jungem oder *mir jungen Menschen?*

- Nach Pronomen wie *ich, du, wir, mir, dir* etc. wird in der Regel stark gebeugt, weil das Pronomen den Fall nicht anzeigt: *ich altes Kamel, du großer Held, du Geliebter.*
  Im Dativ Singular ist daneben auch die schwache Beugung (oft mit der Endung *-n*) möglich: *mir jungem Menschen, dir altem Mann* und *mir jungen Menschen, dir alten Mann.*
- Nur im Nominativ Plural wird im Allgemeinen immer schwach gebeugt: *wir alten Kameraden, ihr treulosen Väter, wir deutschen Steuerzahlerinnen.*

Schreibt man getrennt oder zusammen?

↑ ***halb***, ↑ ***hoch***, ↑ ***nicht***

kleines Kindergeschrei, altes Damentreffen?

Steht ein Adjektiv vor einer Zusammensetzung, dann bezieht es sich auf die Zusammensetzung insgesamt. Ein Adjektiv, das inhaltlich **nur zum ersten Bestandteil** passt, ist also **falsch** (nicht: *kleines Kindergeschrei*, denn nicht das Geschrei ist klein, sondern es geht um das Geschrei kleiner Kinder).

Leben pur: ungebeugte Adjektive

In der Sprache der Werbung und in Fachsprachen steht manchmal nach dem Substantiv ein ungebeugtes Adjektiv: *Krönung light, Henkell trocken, Whisky pur, Aal blau.*
In der Umgangssprache findet sich das als Stilmittel: *Leben pur, Sport total.*

Adresse
Wie im Französischen, aus dem das Wort gegen Ende des 18. Jahrhunderts entlehnt wurde, schreibt man *Adresse* nur mit einem *d*.

Aggression
Das auf das Lateinische zurückgehende Substantiv schreibt sich mit einem im Deutschen eher ungewöhnlichen doppelten *g*. Ebenso *aggressiv, Aggressivität, Aggressor.*

Akquise
Das aus dem Lateinischen stammende Wort weist die im Deutschen ungewöhnliche Schreibweise *-kqu-* auf.
Ebenso *akquirieren, Akquisiteur, Akquisiteurin, Akquisition, Akquisitor, akquisitorisch.*

Akupunktur
Das Wort ist mit „akut" verwandt, dessen lateinischer Ursprung „scharf, spitz" bedeutet. Daher die Schreibung mit nur einem *k*.

alle (Groß- und Kleinschreibung)
Das Wörtchen *all-* wird grundsätzlich **kleingeschrieben:**
Dem allen setzte sie nichts entgegen.
Es kamen alle. Es geht um alle.
Einzige Ausnahme: *Du bist mein Ein und [mein] Alles.*

alle (Beugung)
Wenn *all-* **anstatt eines Artikels** steht, wird es in der Regel **stark** gebeugt und zeigt damit den Fall an:
alle Freude, aller Schmerz, alle guten Menschen, aller Wahrscheinlichkeit nach, aus aller Welt, wider alles Erwarten.

alle und folgendes Adjektiv

- Das auf *all-* folgende Adjektiv oder Partizip wird heute schwach gebeugt, weil die richtige Endung schon an *all-* zu sehen ist: *trotz allem guten Willen, die Beteiligung aller interessierten Kreise.*
- Auch ein substantiviertes Adjektiv oder Partizip nach *all-* wird im Singular und Plural gewöhnlich schwach gebeugt:
  alles Fremde; die Beseitigung alles Trennenden; trotz allem Schönen; alle Abgeordneten, Angehörigen, Beamten; aller Unzufriedenen, Reisenden.

als (mit welchem Fall?)

- Wenn die *als*-Gruppe sich auf ein Wort im **Nominativ, Dativ** oder **Akkusativ** bezieht, steht sie **im gleichen Fall:** *ich als* („wer?") *Verantwortlicher, von dir als* („wem?") *dem Verantwortlichen, für Peter als* („wen?") *den Verantwortlichen.*
- Wenn die *als*-Gruppe sich auf ein Wort im **Genitiv** bezieht, steht sie dann ebenfalls im Genitiv, wenn sie einen **Artikel** bei sich hat: *die Besteigung des Berges als des schwierigsten Gipfels des Massivs.*
- Hat die *als*-Gruppe, die sich auf einen Genitiv bezieht, **keinen Artikel** bei sich, dann steht sie meistens im Nominativ: *die Besteigung des Berges als schwierigster Gipfel des Massivs.*

als (mit Komma?)

- Vor *als* steht **ein Komma,** wenn ein vollständiger Satz (mit Verb) folgt: *Er ist klüger, als du denkst.*
- Vor *als* steht **kein Komma,** wenn Satzteile verglichen werden: *Er ist klüger als du.*

am besten

Die höchste Steigerungsstufe mit *am,* nach der man mit „wie?" fragen kann und bei der *am* nicht durch „an dem" auflösbar ist, schreibt man **klein:**
Es ist am besten, allergemütlichsten, schönsten ..., wenn du kommst.

an (an der Hand / an die Hand)

Die Präposition *an* kann sowohl mit Akkusativ als auch mit Dativ stehen – der Akkusativ zeigt tendenziell eine Richtung („wohin?") an, der Dativ einen Ort („wo?"). Daher sind die folgenden Sätze beide richtig:

- Akkusativ: *Er nimmt sie an die Hand.*
- Dativ: *Er nimmt sie an der Hand.*

Ananas

Sowohl *Ananasse* als auch *Ananas* ist als Pluralform korrekt.

-and/-ant

- *-and:* Diese Endung steht in Bezeichnungen für eine Person, **mit der etwas geschehen soll:** *Konfirmand, Diplomand, Rehabilitand* (= jemand, der konfirmiert/ diplomiert/rehabilitiert werden soll).
- *-ant:* Die Nachsilbe *-ant* zeigt dagegen etwas **Aktives:** *Emigrant, Fabrikant, Intrigant, Musikant, Sympathisant* (= jemand, der emigriert, der etwas fabriziert, jemand, der intrigiert, der musiziert usw.).

anders als

Nach *anders* steht beim Vergleich *als* (nicht *wie*):
Sie ist anders als er.

Anführungszeichen

Wo steht das Komma?

Das Komma steht immer **nach** dem schließenden Anführungszeichen: *„Es ist möglich", sagte sie, „dass ich morgen verreise." Als sie ihn fragte: „Weshalb darf ich das nicht?", wurde er sehr verlegen.*

Einfache (halbe) Anführungszeichen

Sie stehen, wenn innerhalb eines Zitats noch etwas zitiert wird: *„Mit wie vielen ‚h' schreibt man ‚Rhythmus'?", wollte er wissen.*

Mit anderen Satzzeichen

- **Punkt, Fragezeichen und Ausrufezeichen** stehen **vor** dem schließenden Anführungszeichen, wenn sie selbst **zum Zitat** gehören; der **Schlusspunkt des Begleitsatzes entfällt** dann: *Sie stellte fest: „Das muss jeder selbst entscheiden." Er sagte: „Das stimmt nicht!"*
- Ein Frage- oder Ausrufezeichen, das **zum übergeordneten Satz** gehört, bleibt aber bestehen: *Hat sie wirklich gefragt: „Kommt Marlene morgen?"?*

Das Zitat ist Subjekt oder Objekt

- Wenn Zitate im Satz das Subjekt oder das Objekt (oder den Gleichsetzungsnominativ bzw. -akkusativ) des Satzes darstellen, stehen **weder Doppelpunkte noch Kommas:** *„Das Lieben bringt groß Freud" ist der Anfang eines Volksliedes.*
  Am Ende hatte sie noch „Das ist lieb von dir!" gesagt.
- Auch wenn Zitate oder wiedergegebene Rede als Substantive verwendet werden, steht **kein Komma:** *Sein ewiges „Ich kann nicht mehr" stört niemanden.*

Anglizismen

- ***downgeloaded* oder *gedownloaded?***
  Auch wenn es wie bei nicht trennbaren Verben heißt: *ich downloade* (nicht: *ich loade down*), *wir upgraden* (nicht: *wir graden up*), werden die Partizipien von *downloaden* und *updaten* wie bei trennbaren Verben gebildet: *downgeloaded* (und *downzuloaden*), *upgedatet* (und *upzudaten*).
- **Nur Scheinentlehnungen** sind Wörter, die so im Englischen gar nicht existieren: *Dressman, Handy, Pullunder, Showmaster.*

angst [und bange]/Angst [und Bange]

- **Großschreibung** beim Substantiv („was?"):
  in Angst sein, Angst haben, er hat keine Bange, nur keine Bange, jemandem Angst und Bange machen.
- **Kleinschreibung,** wenn mit „wie?" gefragt wird: *mir ist angst und bang[e], ihm wird ganz bang.*

Anrede / Anschrift

↑ **Brief**

anscheinend/scheinbar

Es gibt einen klaren Bedeutungsunterschied:

- Mit *anscheinend* wird die Vermutung zum Ausdruck gebracht, dass etwas so ist, wie es erscheint.
  Etwas sieht also so aus, als sei es so, und vermutlich ist es auch tatsächlich so: *Anscheinend ist ihm das nicht klar.*
- Das Adjektiv *scheinbar* dagegen besagt, dass etwas nur dem Schein nach so ist, wie es sich darstellt: *Das ist nur ein scheinbarer Widerspruch.* Dieses Wort steht also im Gegensatz zu *wirklich, wahr, tatsächlich.*

Apostroph

Apostroph als Auslassungszeichen

Wenn verkürzte Wortformen sonst schwer lesbar oder missverständlich wären, **kann er stehen:** *Wie gehts/geht's? Er macht sichs/sich's gemütlich.*

Apostroph sollte stehen

- bei unüblichen Verkürzungen: *'s ist schon spät, ein einz'ger Augenblick,*
- wenn größere Buchstabengruppen in Namen weggelassen werden: *Lu'hafen* (= Ludwigshafen), *Ku'damm* (= Kurfürstendamm in Berlin) usw.,
- wenn ein Name auf einen *s*-Laut endet *(-s, -ss, -ß, -tz, -z, -x, -ce)* und keinen Artikel o. Ä. bei sich hat: *Grass' Blechtrommel, Hans Sachs' Gedichte.*

Kein Apostroph steht

- bei allgemein üblichen Verschmelzungen aus Präposition und Artikel:
  ans, aufs, durchs, fürs, hinters, ins, übers, ums, unters, vors; am, beim, hinterm, im, überm, unterm, vorm, zum,
- bei festen Grußformeln und üblichen verkürzten Befehlsformen:
  Grüß Gott!, geh!, trink!, führ den Hund aus!, leg den Mantel ab!,
- beim Genitiv oder Plural von Abkürzungen und Kurzwörtern: *die Nummer des Pkws, die AGs,*
- vor dem Genitiv-*s* von Namen, auch nicht, wenn sie abgekürzt werden:
  Ingeborg Bachmanns Lyrik, I. B.s Lyrik, Bismarcks Politik, Hamburgs Hafen, Ronnys Werkstatt.

Atmosphäre
Das Wort hat nur im Teil *-sphäre* ein *h*.

auf und ab gehen/auf- und absteigen
Getrennt schreibt man die selbstständigen Adverbien *auf* und *ab*. Zusammen schreibt man, wenn *auf-* und *ab-*Verbzusätze sind:
- *auf und ab gehen* (= ohne bestimmtes Ziel gehen).
- *auf- und absteigen* (= als Verkürzung der Zusammensetzungen *aufsteigen* und *absteigen*).

aufs Herzlichste/aufs herzlichste
Die **höchste Steigerungsstufe** kann **groß- oder kleingeschrieben** werden, wenn sie in festen Wendungen mit *aufs* oder *auf das* steht und durch „wie?" erfragt werden kann:
Sie erschrak aufs / auf das Äußerste/äußerste.
Wir gratulieren aufs / auf das Herzlichste/herzlichste.

Aufzählungen
- In zeilenweise abgesetzten **Aufzählungen, Gliederungen, Listen, Inhaltsverzeichnissen, Tabellen** und nach frei stehenden Zeilen steht normalerweise **kein Punkt und kein Komma.** Es kann der sogenannte **Spiegelstrich** verwendet werden:
  Start in die Grillsaison mit tollen Angeboten
  – Würstchen
  – Steaks
  – Tofuschnitzel
- Man kann Aufzählungen allerdings auch wie einen zusammenhängenden Satz behandeln. Dann steht nach jedem Aufzählungsglied ein Komma oder Semikolon und nach dem letzten Wort ein Punkt.

Die Glieder müssen dann aber in einer grammatisch korrekten Beziehung zum übergeordneten Satz stehen: *Ein Zuschuss zu den Kosten kann gewährt werden:*
– wenn der Teilnehmer einen Verdienstausfall hat,
– wenn der Teilnehmer nicht zu Hause essen kann,
– bei Teilnehmern, die noch in der Ausbildung sind.

bang(e)/Bange

↑ ***angst/Angst***

Befehlsform

Mit Endungs-*e*? Mit Apostroph?

- **Ohne Endungs-***e* wird die Befehlsform heute bei den meisten Verben im Singular gebildet – und vor allem **ohne Apostroph:** *Wasch deine Hände! Steig ein! Sag die Wahrheit!*
- Ein **Endungs-***e* muss aber gesetzt werden bei den Verben, die auf *-ern* oder *-eln* enden; das *e* in der Mitte kann man weglassen: *Hand[e]le stets umsichtig! Samm[e]le alles auf! Trau[e]re nicht zu lange!*
- Ein **Endungs-***e* steht im Allgemeinen auch bei Verben mit *-d, -t* oder Mitlaut + *m/n* vor der Endung: *Achte darauf! Binde das zu! Atme ruhig! Rechne sorgfältig!*

Befehlsform mit *i* statt mit *e*: *Lies vor!*

Unregelmäßige Verben, bei denen das *e* in der 2. Person Singular zu *i* wird *(lesen – du liest, geben – du gibst, sprechen – du sprichst, werfen – du wirfst),* bilden (außer beim Verb *werden*) auch die Befehlsform mit *i: Lies dieses Buch! Gib mir das her! Sprich nicht so laut! Wirf nicht so weit!*

B

Höflichkeitsform: *Seien Sie vorsichtig!*
Die Befehlsform für die Höflichkeitsform ist bei allen Verben (außer bei *sein*) gleich der 3. Person Plural Indikativ: *Nehmen Sie Platz! Räumen Sie die Unfallstelle! Seien Sie* (nicht: *Sind Sie*) *vorsichtig!*

beide (Groß- und Kleinschreibung)

Man schreibt *beide* immer klein: *Hallo, Ihr beiden; es waren die beiden dort; beide Male.*

wir beide / wir beiden (Beugung)

- Nach den verschiedenen Formen des Personalpronomens wird *beide* stark gebeugt: *sie beide; unser, euer, ihrer beider; uns, euch, ihnen beiden; uns, euch, sie beide.*
- Nur im Nominativ nach ***wir*** und ***ihr*** tritt daneben die schwache Beugung auf: *Wir beide / wir beiden werden jetzt die Sache bereinigen. Seid ihr beiden / ihr beide wieder versöhnt?*

beide und folgendes Adjektiv

- Ein Adjektiv wird nach *beide* meist schwach gebeugt: *beide jungen Mädchen, die Mitglieder beider großen Parteien.*
- Das Gleiche gilt für die substantivierten Adjektive und Partizipien. Meist wird schwach gebeugt: *beide Abgeordneten, Angestellten, Reisenden, Vortragenden; beider Kranken, Toten, Verstorbenen.*

Berufsbezeichnungen

↑ **Titel und Berufsbezeichnungen**

Bindestrich

Wann muss er stehen?

- Bei **Abkürzungen oder Kurzwörtern** aus einzelnen Buchstaben, die mit anderen Wörtern verbunden werden: *km-Zahl, Pkw-Maut, Fußball-WM.*
- Bei **Einzelbuchstaben,** die mit anderen Wörtern verbunden werden: *C-Dur, x-Achse.*
- Bei **Ziffern,** die mit anderen Wörtern verbunden werden: *der 18-Jährige, 100-prozentig, 1,5-zeilig, 3:0-Sieg, ¾-Takt.*
- In **Aneinanderreihungen aus mehreren Wörtern:** *Do-it-yourself-Bewegung, das In-den-April-Schicken.*
- Bei **Anglizismen aus Verb + Adverb/Präposition,** wenn die Lesbarkeit sonst beeinträchtigt ist: *Check-in, Make-up* (aber: *Blackout/Black-out, Comeback/Come-back*).

Wann kann er stehen?

- Bei **unübersichtlichen Zusammensetzungen:** *Stadtverwaltungs-Oberinspektorin.*
- Um **Missverständnisse zu vermeiden:** z. B. bei *Druckerzeugnis,* das sowohl *Druck-Erzeugnis* wie *Drucker-Zeugnis* bedeuten könnte.
- Wenn in substantivischen Zusammensetzungen **drei gleiche Buchstaben** zusammentreffen: *Auspuffflamme/ Auspuff-Flamme, Tee-Ernte/Teeernte.*

Wann steht kein Bindestrich?

- Wenn Ziffern, Zeichen oder Einzelbuchstaben nur eine **Nachsilbe** angehängt bekommen: *68er, 80%ig, SPDler.*
- Bei **einfachen Zusammensetzungen** (auch bei substantivisch gebrauchten Infinitiven): *die Hausmeisterwohnung, das Sichausweinen, das Motorradfahren.*

B

binnen

Nach *binnen* steht meistens der **Dativ** *(binnen wenigen Augenblicken, binnen drei Jahren, binnen Kurzem).* Gelegentlich wird in gehobener Sprache auch der Genitiv gebraucht *(binnen weniger Augenblicke).*

bis zu

- Wenn bei Zeitangaben mit *bis zu* eine **Höchstgrenze** angegeben wird, steht der Dativ (weil „zu" den Dativ verlangt): *Jugendliche bis zu 17 Jahren.*
- Wenn (in der Umgangssprache) das „zu" weggelassen wird, steht der Akkusativ: *Jugendliche bis 17 Jahre.*
- Wenn eine **Spanne** gemeint ist, bestimmt das Verb den Fall, denn die Angabe *bis zu* könnte als Ganzes auch weggelassen oder durch *höchstens* ersetzt werden: *Die Gruppe umfasst (bis zu) 10 Mitglieder.*

Block (2 Block/Blöcke)

↑ **Maße und Mengen**

brauchen

- **Mit oder ohne *zu*?**
  In der geschriebenen Sprache gilt nach wie vor der Spruch: „Wer *brauchen* ohne *zu* gebraucht, braucht *brauchen* gar nicht zu gebrauchen." Also: *Du brauchst nicht zu kommen.*
  Im mündlichen Sprachgebrauch dagegen wird das *zu* (wie beim Verb *müssen*) oft weggelassen: *Du brauchst nicht kommen. Du musst nicht kommen.*
- ***brauchte* oder *bräuchte*?**
  Im Konjunktiv ist heute neben *brauchte* auch *bräuchte* standardsprachlich korrekt; durch den Umlaut unterscheidet sich letztere Form von der Vergangenheit *brauchte.*

B

Brief

Anschrift

- Die Anschrift steht im **Akkusativ,** auch wenn heute auf das „An" verzichtet wird, also heißt es:
  Herrn Müller
  Musterstraße 3
  etc.
  (nur in der Schweiz gilt mittlerweile auch die Form *Herr* als zulässig).
- Geht die Post **an mehrere Personen,** sollten beide/alle gleichermaßen genannt werden; es gibt verschiedene Möglichkeiten:
  Hans und Eva Richter, Eva und Hans Richter, Herrn Hans und Frau Eva Richter, Frau Eva und Herrn Hans Richter, Eva Richter und Hans Richter, Herrn und Frau Hans Richter und Eva Lose ...
- Bei Post an bestimmte Personen in **Firmen** gilt Folgendes: Wenn der Personenname (mit oder ohne den Zusatz *z. H., z. Hd.*) **nach** der Firmenadresse steht, darf das Schreiben auch von anderen als dem genannten Firmenangehörigen geöffnet werden. Steht der Personenname **davor,** darf nur der/die Genannte den Brief öffnen.

Datum

Zwischen Orts- und Zeitangabe steht ein Komma:
Berlin, 10. August 2018 / Berlin, den 10. August 2018 / Berlin, am 10. August 2018 / Berlin, 10. 08. 2018.

Betreff

Das Wort „Betreff" am Beginn der Betreffzeile ist heute nicht mehr üblich. Das erste Wort der Betreffzeile wird großgeschrieben, es steht **kein Schlusspunkt** nach dem Betreff.

B
C
D

Anrede
Nach der Anrede steht heute üblicherweise ein **Komma.** Das erste Wort des eigentlichen Briefes schreibt man dann nach dem Komma **klein,** wenn es kein Substantiv oder Anredepronomen ist:
Sehr geehrte Damen und Herren,
hiermit bestätige ich …

Briefschluss
Die Grußformel beginnt normalerweise mit einem großen Anfangsbuchstaben und steht ohne Punkt, Komma oder Ausrufezeichen am Ende:
Ich hoffe, Ihnen damit geholfen zu haben,
und verbleibe
mit freundlichen Grüßen …

brillant/Brillant

Das Adjektiv und das Substantiv gehen auf das französische Verb *briller* (= glänzen) zurück. Beide werden im Deutschen nur mit einem *i* vor dem Doppel-*l* geschrieben.

Charisma

Das Substantiv wird, obwohl häufig mit [k-] ausgesprochen, mit *Ch-* geschrieben.

dank/Dank

- Nach *dank* kann der Genitiv oder der Dativ folgen, im Plural steht meist der Genitiv: *dank eures guten Willens / eurem guten Willen, dank raffinierter Verfahren.*
- Das Substantiv *Dank* schreibt man groß: *vielen Dank!, zu Dank verpflichtet sein, jemandem Dank sagen.*

das/dass

Wenn man das fragliche Wort durch *dies(es), jenes* oder *welches* ersetzen kann, dann handelt es sich um *das* mit einfachem *s*.

Es gibt drei Fälle, in denen *das* ersetzt werden kann:

- *das/das* **als bestimmter Artikel:** *Das Auto ist neu.* Ersatzprobe: *Dieses Auto ist neu.*
- *das/das* **als Relativpronomen:** *Das Auto, das ich meine, ist neu.* Ersatzprobe: *Das Auto, welches ich meine …*
- *das/das* **als hinweisendes Fürwort:** *Das ist nicht dein Ernst.* Ersatzprobe: *Dies ist nicht dein Ernst.*

Die Konjunktion *dass* kann man nicht ersetzen:

- *dass/dass* = **Konjunktion:** *Dass das Auto neu ist, dachte ich mir.*

das heißt (mit Komma?)

- **Vor** *das heißt* steht **immer ein Komma,** wenn es **Zusätze** einleitet: *Wir werden sie am 2. Mai, das heißt an ihrem Geburtstag, besuchen.*
- **Nach** *das heißt* steht **nur dann ein Komma,** wenn ein **Haupt- oder Nebensatz** folgt: *Wir besuchen sie am 2. Mai, das heißt, wenn sie Geburtstag hat.*

dasselbe / das gleiche

Hier gibt es eine wichtige Unterscheidung.

- *Dasselbe* drückt eine **Gleichheit des Dings** aus:
  Bei *demselben Kleid* handelt es sich nur um ein einziges, bestimmtes Kleid.
- *Das gleiche* ist dagegen „nur" eine **Übereinstimmung der Art oder der Gattung:**
  Das gleiche Kleid gibt es viele Male in gleichem Aussehen.

Datum

D

Welche Form ist korrekt?

- Die reine Datumsangabe kann z. B. folgende Formen haben: *04. 08. 2018 / 04. 08. 18 / 4. 8. 18 / 4. 8. 2018 / 4. August 2018 / 4. Aug. 18.*
- Nach den Empfehlungen der *International Organization for Standardization* **(ISO)** für die numerische Angabe von Kalenderdaten (vgl. DIN 5008) sollen die Angaben in der Reihenfolge Jahr, Monat, Tag stehen und durch Bindestriche gegliedert werden: *2018-08-04 / 18-08-04.*

Welcher Fall ist korrekt?

- Bei einer Datumsangabe **ohne** *am* oder *vom* steht der Monatstag im Akkusativ:
  Wir haben heute Sonntag, den 31. März.
  Die Spiele beginnen nächsten Sonntag, den 14. Juli.
- **Mit** *am* oder *vom* kann sowohl der Dativ als auch der Akkusativ stehen: *am Montag, dem 12. Mai; am Montag, den 12. Mai.*

Wo stehen Kommas?

Es ist richtig, Datumsangaben **nach einem Wochentag** in Kommas einzuschließen, sofern der Satz danach weitergeführt wird.
Das **schließende** Komma **kann auch weggelassen** werden: *Die Familie kommt Montag, den 5. September[,] an. Die Familie kommt Montag, den 5. September[,] um 12 Uhr[,] an. Die Familie kommt am Montag, dem 5. September[,] an. Die Familie kommt am Montag, den 5. September[,] an. Der Brief ist vom Mittwoch, dem 30. Juli[,] datiert.*

↑ **Brief**

delfinschwimmen oder Delfin schwimmen?

Sowohl Zusammenschreibung als auch Getrenntschreibung sind korrekt.
Achtung: Wenn das Wort nicht in der Grundform steht, ist nur die Groß- und Getrenntschreibung möglich:
Ich übe delfinschwimmen / Delfin schwimmen.
Er schwimmt Delfin.

deren

Das Wörtchen *deren* übt keinen Einfluss auf die Beugung nachfolgender Wörter aus. Ein nachfolgendes [substantiviertes] Adjektiv oder Partizip wird deshalb stark gebeugt: *Sie sprach mit Margot und deren nettem* (nicht: *netten*) *Mann. Das ist nur für die Mitglieder und deren Angehörige. Die Kommune und deren Angestellte.*

deren oder derer?

Bei Rückweisung (und allein stehend, also keinem Substantiv vorangestellt) sind sowohl *deren* als auch *derer* korrekt: *die Person, deren/derer er sich annahm; ... die Tatsachen, aufgrund deren/derer wir vermuten ...; die Opfer, deren/derer wir heute gedenken ...*

des Öfteren

Die Verbindung schreibt man immer getrennt und *Öfteren* groß: *Sie kommt des Öfteren bei mir vorbei.*

deutsch, Deutsch, das Deutsche

↑ **Sprachbezeichnungen**

Diplomand

↑ ***-and/-ant***

Dollar

↑ **Währungen**

D

Doppelpunkt

- Man schreibt nach dem Doppelpunkt **groß** weiter, wenn eine **direkte Rede** oder ein **selbstständiger Satz** folgt:
  Sie rief mir zu: „Der Versuch ist gelungen."
  Gebrauchsanweisung: Nehmen Sie alle 2 Stunden eine Tablette unzerkaut ein.
- Es wird **kleingeschrieben,** wenn nur Wörter oder Satzteile folgen:
  Er hat alles verloren: seine Frau, seine Kinder, seine Habe.
  Es war verwinkelt und gemütlich: schlichtweg ideal.
  Vieles hat man ihm verziehen: auch dass er egozentrisch war und Menschen verletzte, die ihm ihre Hilfe anboten.
- **Beides ist korrekt,** wenn der nach dem Doppelpunkt stehende Satz als logische Folge auch mit einem Gedankenstrich angeschlossen werden könnte:
  Das Haus, das Wirtschaftsgebäude, die Stallungen: Alles/alles war den Flammen zum Opfer gefallen.
  (Denn man kann auch schreiben: *Das Haus, das Wirtschaftsgebäude, die Stallungen – alles war den Flammen zum Opfer gefallen.*)

downloaden

↑ **Anglizismen**

Drache/Drachen

Man unterscheidet heute

- *der Drache* (Genitiv: *des Drachen*): „geflügeltes Fabeltier"
- und *der Drachen* (Genitiv: *des Drachens*): „Kinderspielzeug; zanksüchtige Person; Segelboot; Fluggerät".

Drei gleiche Konsonanten

↑ **Bindestrich (Wann kann er stehen?)**

du und … (mit Singular oder Plural?)

- Es heißt: *Du und er[, ihr] habt euch gefreut.* (Nicht: *Du und er haben sich gefreut.*)
- Es heißt: *Du und ich[, wir] haben uns sehr gefreut.* (Nicht: *Du und ich haben sich sehr gefreut.*)
- Es heißt: *Du und sie[, ihr] habt euch gefreut.* (Nicht: *Du und sie haben sich gefreut.*)

… oder du (mit Singular oder Plural?)

Da wegen *oder* nur einer der beiden gemeint ist, richtet sich das Verb nach dem zuletzt genannten Fürwort:

- Es heißt: *Er oder du hast das getan.* (Nicht: *Er oder du haben das getan.*)
- Es heißt: *Ich oder du hast das getan.* (Nicht: *Ich oder du haben das getan.*)
- Es heißt: *Wir oder du hast das getan.* (Nicht: *Wir oder du haben das getan.*)
- Es heißt: *Du oder wir haben das getan.* (Nicht: *Du oder wir hast das getan.*)

Dutzend

↑ **Groß- und Kleinschreibung**
↑ **Maß- und Mengenbezeichnungen**

einer

Bei allen Formen von *einer, eine, eines* ist die **Kleinschreibung** immer richtig:
nur eine von ihnen erriet die Lösung, von einem wie ihm hätte ich das nicht erwartet, einer nach dem anderen, zum einen … zum anderen, es läuft alles auf eins hinaus.

E

einer der schönsten Filme, die oder *den …?*

Das Relativpronomen in Sätzen dieser Art bezieht sich im Allgemeinen nicht auf das eine genannte Beispiel, sondern auf die **Gruppe**, aus der das Beispiel herausgehoben werden soll:
Er war einer der schönsten Filme, die ich je gesehen habe (nicht: *den ich je gesehen habe*).
Das heißt: Von all den Filmen, die ich gesehen habe, ist dieser einer der schönsten. (Im Gegensatz dazu: *Es ist der schönste Film, den ich gesehen habe.*)

Einheiten

↑ **Maße und Mengen**

einiges, was … oder *einiges, das …?*

Dem ankündigendem *einiges* entspricht als Relativpronomen *was*, nicht *das:*
In dem Schaufenster habe ich einiges gesehen, was ich unbedingt kaufen wollte.

einmal oder *ein Mal?*

- **Zusammen** schreibt man dann, wenn *Mal* mit einem seiner beistehenden Wörter zu einem Adverb verschmolzen ist. Die ursprüngliche Wortart oder die Bedeutung der einzelnen Bestandteile ist dann nicht mehr erkennbar: *es war einmal eine Prinzessin, auf einmal fing es an zu regnen.*
- **Getrennt** und mit großem *Mal* schreibt man, wenn *Mal* auf irgendeine Weise als Substantiv erkennbar ist, z. B. durch die Beugung der beistehenden Wörter: *das eine Mal, ein erstes Mal, ein für alle Mal.*

Einwohnerbezeichnungen

Die Einwohner von
... Aachen heißen *Aachener* (nicht: *Aacher*).
... Emden heißen *Emder*, auch *Emdener*.
... Erlangen heißen *Erlanger* (nicht: *Erlangener*).
... Fulda heißen *Fuldaer*.
... Halle (Westfalen) heißen *Haller*.
... Jena heißen *Jenaer* oder auch *Jenenser*.
... Kaiserslautern heißen *Kaiserslauterer*.
... Kassel heißen *Kasseler* oder auch *Kasselaner*.
... Münster (Westfalen) heißen *Münsteraner*.
... Weimar heißen *Weimarer*, die erweiterte Form *Weimaraner* ist veraltet.

end-/ent-

- Die Vorsilbe *ent-* wird immer mit *t* geschrieben. Ursprünglich bezeichnet sie einen Gegensatz oder eine Trennung:
  entbehren, [un]entbehrlich, Entscheidung, [un]entschieden, Entgelt usw.
- Demgegenüber werden alle Zusammensetzungen mit dem Stamm von *Ende* und alle Ableitungen von *Ende* mit *d* geschrieben:
  endgültig, [un]endlich, endlos, Endpunkt, Endsumme usw.

englisch, Englisch, das Englische

↑ **Sprachbezeichnungen**

Euro

↑ **Währungen**

Farbbezeichnungen

F

Groß- und Kleinschreibung

- **Klein** schreibt man Farbadjektive, die man mit „wie?" erfragt: *ein blaues Kleid, der Stoff ist blau.*
- **Groß** schreibt man Substantivierungen, die man mit „was?" erfragen kann – oft steht davor eine Präposition („auf", „bei", „in" ...), ein Artikel oder ein Fürwort („mein", „sein" ...):
  Wir gehen nur bei Grün über die Straße. Die Ampel steht *auf Rot. Die Ampel springt von Gelb auf Rot. Diese Schuhe sind in Schwarz und Blau zu haben. Er redet gerne ins Blaue hinein. Sie trifft ins Schwarze. Ich liebe das Blau seiner Augen. Ich mag Chagall, besonders sein Blau.*
  Außerdem schreibt man Farbadjektive groß in
  - **Eigennamen** *(Rotes Kreuz, Schwarzes Meer),*
  - Bezeichnungen von **historischen Ereignissen** *(Schwarzer Freitag),*
  - **Gattungen und Arten** *(Blauer Enzian, Roter Milan, Schwarze Witwe, Golden Delicious)* oder
  - **Kalendertagen** *(der Weiße Sonntag).*
- **Klein oder groß** kann man bei vielen feststehenden Ausdrücken mit fachsprachlichem Charakter schreiben: *der blaue/Blaue Brief, das gelbe/Gelbe Trikot, der grüne/Grüne Punkt, die rote/Rote Karte, das schwarze/Schwarze Brett.*

Getrennt- und Zusammenschreibung

- Farbbezeichnungen aus **zwei Adjektiven** schreibt man **meist mit Bindestrich,** um das gleichrangige Nebeneinander von zwei oder mehr Farben deutlich zu machen: *ein blau-rotes Kleid* (blau und rot gestreift), *die blau-weiß-rote Fahne.*

- Ist hingegen eine **Farbmischung** gemeint, dann bevorzugt man die Schreibung **ohne Bindestrich:** *ein blaurotes Kleid* (= aus bläulich roter Farbe).
- *schwarz-rot-golden/schwarzrotgolden, Schwarz-Rot-Gold/Schwarzrotgold:*
  Man kann das Adjektiv und das Substantiv **mit oder ohne Bindestriche** schreiben. Da es sich um verschiedene Farben handelt, sind Bindestriche zu empfehlen: *eine schwarz-rot-goldene/schwarzrotgoldene Fahne, die Fahne Schwarz-Rot-Gold/Schwarzrotgold.*

F

Steigern und Beugen

- Ist das Meer heute *blauer* als gestern?
  Farbbezeichnungen können gesteigert werden, da es verschiedene Abstufungen und Helligkeitsgrade in den einzelnen Farbfeldern gibt: *Diese Wiese ist noch grüner.* Nicht steigern kann man lediglich zusammengesetzte Farbadjektive wie *dunkelrot.*
- *lila* und *rosa: ein lilanes Kleid?*
  Manche Adjektive lassen sich nicht beugen, dazu gehören *lila* und *rosa: die lila Hüte, ein rosa Stuhl.*
  Nur umgangssprachlich wird *lila* auch gebeugt *(das lilane Kleid);* besser weicht man aber auf Zusammensetzungen mit *-farben* oder *-farbig* aus: *das lilafarbene Kleid.*
- *beige* und *orange: ein oranger Vorhang?*
  Diese beiden Farbadjektive kann man beugen: *die beigen Schuhe, das orange Kleid, ein beiger/oranger Vorhang.* Sie erhalten aber keine zusätzliche Endung (nicht: *eine orangene Tasche*)!

folgende und folgendes Adjektiv

Wenn *folgend-* statt eines Artikels steht, gilt:

- Im **Singular** wird das [substantivierte] Adjektiv oder Partizip nach *folgend-* meist schwach gebeugt: *folgender überraschende Moment, folgender Angestellte.*
- Im **Plural** ist beides möglich: *wegen folgender wichtiger Ereignisse / wichtigen Ereignisse.*

F

folgende (Groß- und Kleinschreibung)

- **Klein** schreibt man *folgend-*, wenn es als Adjektiv verwendet wird: *die folgenden Monate, folgende Dinge.*
- **Groß** schreibt man die Substantivierung:
  Die Folgenden (= die hinterhergehenden Personen) *wichen entsetzt zurück. Wir konnten das Folgende* (= das spätere Geschehen) *nicht voraussehen. Wir möchten Ihnen Folgendes* (= dieses) *mitteilen. Jeder Folgende* (= Weitere) *erhält dieselbe Summe. Mit Folgendem* (= hiermit) *teilen wir Ihnen mit, dass ...*
  Ebenfalls groß schreibt man: *aus/in/nach/von/zu Folgendem, im/vom/zum Folgenden.*

-fon/-phon

↑ **Fremdwörter**

formal/formell

Die beiden Wörter haben eine unterschiedliche Bedeutung:

- *Formal* bedeutet „die Form betreffend“: *Der Bescheid weist formale Fehler auf.*
- *Formell* hat die Bedeutung „den äußeren Formen gemäß“, „förmlich“: *Er hat sich formell entschuldigt.*

französisch, Französisch, das Französische

↑ **Sprachbezeichnungen**

Fremdwörter

Welcher Plural ist korrekt?

- Der Plural der Herkunftssprache ist allein korrekt:
  das Antibiotikum – die Antibiotika
  der Stimulus – die Stimuli
- Fremder und deutscher Plural sind korrekt:
  die Atlanten / Atlasse, die Boni/Bonusse, die Indices/Indexe, die Soli/Solos, die Themata/Themen, die Pizzas/Pizzen/Pizze.

F

Achtung: An einen fremdsprachlichen Plural wird nicht noch eine deutsche Pluralendung angehängt (nicht: *die Lexikas, die Praktikas, die Solis*)!

Welcher Artikel ist korrekt?

Für die Zuordnung gibt es nur Faustregeln.

- Das Geschlecht richtet sich nach dem deutschen Wort: *das Chanson* (zu: das Lied), *der Shop* (zu: der Laden).
- Das Geschlecht richtet sich nach der Endung:
  -age, -ion = weiblich *(die Kartonage, die Eskalation),*
  -ing = sächlich *(das Happening).*
- Manchmal gibt es mehrere Möglichkeiten: *der/das* (regional auch: *die) Joghurt, das/die E-Mail.*

***-fon* oder *-phon*?**

Das *ph* in den aus dem Griechischen stammenden Wörtern mit *-phon* kann generell durch *f* ersetzt werden *(-fon): Megafon/Megaphon, Saxofon/Saxophon.*
Achtung: *Telefon* schreibt man nur noch mit *f.*

***Friseur* oder *Frisör*? *Spaghetti* oder *Spagetti*?**

Für viele häufig gebrauchte Fremdwörter gibt es zwei korrekte Schreibungen: *Delphin/Delfin, Panther/Panter, Spaghetti/Spagetti, Joghurt/Jogurt, Friseur/Frisör.*

Fugen-*s*

Ein Fugen-*s* steht häufig bei:

- Zusammensetzungen mit einem (substantivierten) Infinitiv als Erstglied: *Schlafenszeit, Überlebensfrage, sehenswert,*
- Erstgliedern auf *-tum, -ing, -ling, -heit, -keit, -schaft, -ung, -ion, -tät, -at, -um: Altertumskunde, Frühlingssturm, Schönheitskönigin, Heiterkeitserfolg.*

F G

Kein Fugen-*s* steht gewöhnlich bei:

- Erstgliedern auf *-er* und *-el: Bäckerladen, Pendeluhr,*
- Erstgliedern auf *-sch, -[t]z, -s, -ß, -st: Platzkarte, Preisliste, Fußbett, Verdienstausfall, Herbstanfang,*
- weiblichen Erstgliedern, die einsilbig sind, auf *-ur* und *-ik* enden: *Naturkunde, kritiklustig.*

genau so / genauso

- Wird das (betonte) Wörtchen *so* („auf diese Art, Weise") durch *genau* („exakt, gerade, eben") näher bestimmt, schreibt man **getrennt:** *Die Karten werden genau so verteilt, dass jeder Spieler ...*
- Ist nur *genau-* betont, wird **zusammengeschrieben:** *Dieses Schnupfenspray wirkt genauso wie jenes. Du kannst genauso gut die Bahn nehmen.*

Gerade

- **Mit Artikel** wird *Gerade* nur schwach (wie das Adjektiv) gebeugt. Genitiv: *Wir ziehen einen Strich entlang der Geraden* (entsprechend zu: *der geraden Linie*).
- **Ohne Artikel,** z. B. in Verbindung mit einer Zahl, kommt **im Plural** auch starke Beugung vor: *Wir zeichnen zwei Geraden* oder *zwei Gerade.*

Getrennt- und Zusammenschreibung

Faustregeln zum Verb:

- **Verb + Verb** schreibt man in der Regel getrennt: *kassieren lernen, spazieren gehen, arbeiten wollen.* Die Wahl hat man bei *kennenlernen / kennen lernen* und bei Verb + *bleiben* oder *lassen*, wenn die Verbindung eine eigene (übertragene) Bedeutung hat: *liegen bleiben / liegenbleiben* (= unerledigt bleiben, aber nur: *im Bett liegen bleiben*).
  Verbindungen mit dem Verb *sein* werden immer getrennt geschrieben: *da sein, beisammen sein.*
- **Adverb + Verb** werden meistens zusammengeschrieben; entscheidend ist ganz oft die Betonung:
  Wird der erste Bestandteil betont, schreibt man zusammen: *vorwärtskommen.*
  Wird (auch) der zweite Bestandteil betont, schreibt man getrennt: *rückwärts einparken.*
- **Adjektiv + Verb** schreibt man zusammen, wenn dadurch eine neue Gesamtbedeutung, also ein neues eigenständiges Wort, entsteht: *(jemanden) freisprechen, heiligsprechen, krankschreiben; kürzertreten, schwerfallen* (= Mühe verursachen).
  Wenn das Adjektiv das Ergebnis der Handlung bezeichnet, kann getrennt oder zusammengeschrieben werden: *die Wand blau streichen / blaustreichen* (= danach ist die Wand blau), *die Fliesen blank putzen / blankputzen, den Reis weich kochen / weichkochen.*
- **Substantiv + Verb** schreibt man **getrennt**, wenn das Substantiv als eigenständig angesehen wird: *Auto fahren, Klavier spielen, Schlange stehen.*

- Man schreibt **zusammen,** wenn das Substantiv verblasst, d.h. als solches hier kaum mehr erkennbar ist: *heimfahren (sie fährt heim), irreführen (er führt irre), kopfstehen (wir stehen kopf), teilnehmen (ihr nehmt teil), eislaufen (ich laufe eis).*

Faustregeln zum Adjektiv:

G

- **Verbindungen aus** *nicht* + **Adjektiv** können getrennt oder zusammengeschrieben werden: *nicht öffentlich / nichtöffentlich, nicht rostend / nichtrostend.*
- **Zusammengesetzte Adjektive** schreibt man zusammen,
  – wenn der erste Bestandteil die Bedeutung vermindert oder verstärkt: *bitterkalt, brandaktuell, superklug,*
  – wenn einer der beiden Bestandteile nicht allein vorkommen kann: *großspurig, letztmalig, vieldeutig.*

Faustregeln zu Substantiv + Partizip:

Diese Verbindungen schreibt man **zusammen,** wenn sie anstelle einer Wortgruppe stehen und dabei mindestens ein Wort eingespart wird (*freudestrahlend* = strahlend vor Freude) oder wenn das Substantiv in dieser Form nicht selbstständig vorkommt: *friedliebend, nutzbringend.*

Faustregeln zu Präposition + Substantiv:

- Nur **Zusammenschreibung** ist richtig, wenn das Substantiv verblasst und die Verbindung zu einem neuen Wort geworden ist: *anhand, infolge, inmitten, zufolge.*
- **Zusammen- und Getrenntschreibung** sind bei vielen häufig gebrauchten Verbindungen aus Präposition und Substantiv möglich, z.B.: *anstelle / an Stelle, aufgrund / auf Grund, infrage / in Frage (stellen), instand / in Stand (setzen), mithilfe / mit Hilfe, zugunsten / zu Gunsten, zulasten / zu Lasten, zuleide / zu Leide (tun).*

Glas (zwei Glas oder *zwei Gläser Wein?)*

↑ **Maße und Mengen**

Glaube/Glauben

Das Substantiv hat zwei Formen: *der Glaube* und *der Glauben*. Der Genitiv zu beiden lautet *des Glaubens*. Heute wird im Allgemeinen die ältere Form *der Glaube* gebraucht.

G

Grad: Es herrschten oder *herrschte 30 Grad?*

Wenn die Gradangabe in der Mehrzahl steht, steht auch das Verb im Plural: *Es herrschten* (nicht: *herrschte*) *30 Grad [Wärme]*.

Grad/Grat

Man muss unterscheiden:

- Die **Temperatur- und Winkeleinheit** heißt *Grad*.
- Das Wort *Grat* bezeichnet die oberste **Kante** eines Bergrückens.

gram/Gram

- **Groß** schreibt man das Substantiv: *Ich bin von Ekel und Gram erfüllt. Er verging fast vor Gram.*
- **Klein** schreibt man das alte Adjektiv, das heute nur noch in Verbindung mit dem Verb *sein* als Angabe der Art verwendet wird: *Er ist mir gram.*

Gratwanderung

Der *Grat* in *Gratwanderung* ist die Bezeichnung für die oberste Kante eines Bergrückens und wird mit *t* geschrieben.

Er ist nicht zu verwechseln mit der Temperatur- und Winkeleinheit *Grad*, die mit *d* geschrieben wird.

Groß- und Kleinschreibung

G

Feste Wendungen

Adjektive, die fest mit dem Substantiv verbunden sind, werden oft **großgeschrieben.** Das gilt vor allem für

- Eigennamen: *Schwarzes Meer, Hohe Tatra,*
- Titel und Ehrenbezeichnungen: *Heiliger Vater, Regierende Bürgermeisterin,*
- besondere Kalendertage: *Heiliger Abend, Erster Mai.*

Oft sind beide Schreibungen möglich, z. B. bei

- fachsprachlichen Ausdrücken: *Gelbe/gelbe Karte, Kleine/kleine Anfrage, Erste/erste Hilfe,*
- übertragen gebrauchten Ausdrücken: *Letzter/letzter Wille, Schwarzes/schwarzes Brett.*

Von Personennamen abgeleitete Adjektive

- Die von Personennamen abgeleiteten Adjektive werden **kleingeschrieben:**
  die einsteinsche Relativitätstheorie (= von Einstein),
  die goetheschen Gedichte (= von Goethe),
  das ohmsche Gesetz (= von Ohm).
- **Großgeschrieben** werden diese Formen aber dann, wenn die Grundform des Personennamens durch einen **Apostroph** verdeutlicht wird:
  das Müller'sche Grundstück, die Einstein'sche Relativitätstheorie, die Goethe'schen Dramen.
- Immer **klein** schreibt man die von Personennamen abgeleiteten Adjektive auf *-istisch, -esk, -haft:*
  darwinistische Auffassungen,
  kafkaeske Gestalten,
  rilkehafte Metaphern.

Adjektive, Partizipien und Adverbien

- Nicht gebeugte Adjektive in **Paarformeln,** die für Personen stehen, werden **großgeschrieben:**
  Jung und Alt (= jedermann / junge und alte Menschen), *Arm und Reich, Groß und Klein, Gleich und Gleich, Hoch und Niedrig.*
- In vielen Wendungen mit gebeugten Adjektivformen kann **groß- oder kleingeschrieben** werden:
  von Neuem/neuem, von Weitem/weitem, bis auf Weiteres/weiteres, ohne Weiteres/weiteres, seit Längerem/längerem, binnen Kurzem/kurzem.

G

hundert, tausend, dutzend

Die drei Wörter *hundert, tausend, dutzend* können, wenn sie unbestimmte Mengen angeben, **groß- und kleingeschrieben** werden:
Dutzende/dutzende von Filmen, mehrere Dutzend/dutzend Leute,
Hunderte/hunderte von Menschen, viele Hundert/hundert Tauben,
mehrere Tausende/tausende von Freiwilligen, einige Tausend/tausend Sterne.

Weitere Hinweise zur Groß- und Kleinschreibung stehen bei diesen Stichwörtern:

↑ **Doppelpunkt**
↑ **Farbbezeichnungen**
↑ **Infinitiv**
↑ **Substantivierungen**
↑ **Titel und Berufsbezeichnungen**
↑ **Zahlen und Ziffern**

Grußformel

↑ **Brief**

gut und böse / Gut und Böse

↑ **Substantivierung oder nicht?**

Häkchen

Da *Häkchen* – mit lang gesprochenem *ä* – die Verkleinerungsform von *Haken* ist, schreibt man dieses Substantiv mit *k* und nicht mit *ck*.

G H

halb

- **Zusammen** schreibt man, wenn *halb-* als abschwächender Zusatz aufgefasst wird: *ein halbhoher* (= nicht sehr hoher) *Zaun, halbbittere* (= nicht sehr bittere) *Schokolade.* Weitere Beispiele für Zusammenschreibung: *halbgebildet, halbleinen, halbtrocken, halbwild.*
- **Getrennt** schreibt man, wenn *halb* die Bedeutung „teils" (als Gegensatz zu „ganz") hat: *sie machte ein halb freundliches, halb ernstes Gesicht; ein halb seidenes, halb wollenes Gewebe.*
- In Zweifelsfällen kann man sowohl getrennt als auch zusammenschreiben: *halb blind / halbblind, halb fertig / halbfertig, halb gar / halbgar.*

hanebüchen

Das ursprünglich von der *Hainbuche* (deren Holz als minderwertig galt) abgeleitete Adjektiv wird **ohne** *h* nach dem lang gesprochenen *a* geschrieben.

Herr, Herrn oder *Herren?*

- Im Singular lauten die Formen *des, dem, den Herrn* (nicht: *des, dem, den Herren*).
  Der Plural lautet *die Herren* (nicht: *die Herrn*).

- **Brief:** Die Anschrift steht im Akkusativ, daher heißt es: *Herrn ...* (früher: *An Herrn ...*). In der Schweiz gilt mittlerweile auch die Form *Herr* als zulässig.
- Ohne Endung bleibt die **direkte Anrede,** bei der *Herr* im Nominativ steht: *Ich gratuliere Ihnen, Herr Müller* (nicht: *Herrn Müller*).
- Bei *Herr* + **Name** wird neben *Herr* **auch der Name gebeugt:** *Herrn Meyers Geburtstag, die Anordnung des Gerichtsvollziehers, Herrn Müllers.*
- Bei **Artikel** + *Herr* + **Name** wird der **Name nicht gebeugt:** *den Besuch des Herrn Müller.*
  Dies gilt nur für Namen, nicht aber für **Titel, Berufs- und Verwandtschaftsbezeichnungen:** *zum Tode Ihres Herrn Vaters* (nicht: *Vater*), *der Brief des Herrn Ministers, des Herrn Oberbürgermeisters.*
- Bei **Artikel** + *Herr* + **Titel** + **Name** wird der Titel überwiegend gebeugt: *des Herrn Ministers Müller, des Herrn Rechtsanwalts Dr. Meyer.*

H

hin und her laufen / hin- und herlaufen

Je nach Bedeutung schreibt man getrennt oder zusammen:

- *hin und her laufen* (= ohne bestimmtes Ziel, ständig die Richtung wechselnd), auch: *hin und her gerissen sein,*
- *hin- und herlaufen* (= hinlaufen und wieder zurücklaufen).

hinter (hinter mich / hinter mir)

Auf die Präposition *hinter* kann sowohl der Dativ als auch der Akkusativ folgen – je nachdem, was gemeint ist. Fragt man nach dem Ort („wo?"), so steht der Dativ; fragt man aber nach der Richtung („wohin?"), steht der Akkusativ:

- *Wo legt er es ab? Hinter mir.*
- *Wohin legt er es ab? Hinter mich.*

hoch

- **Zusammen** schreibt man, wenn *hoch* Verbzusatz ist (die Betonung liegt dann in der Regel auf *hoch*): *Zahlen statistisch hochrechnen, hochstapeln* (= etwas vortäuschen).
  Das gilt auch, wenn *hoch* als **Richtungsangabe** gebraucht wird:
  an der Mauer hochspringen, sich (zur Direktorin) hocharbeiten, (vor Schreck) hochfahren, die Treppe hochsteigen.
  Wenn auch das zugrunde liegende Verb zusammengeschrieben wird, schreibt man Verbindungen aus *hoch* und einem Partizip zusammen:
  die hochgeladene Datei, hochgesteckte Ziele, mit hochgekrempelten Ärmeln.
  Man schreibt auch zusammen, wenn *hoch* rein **intensivierend** gebraucht wird: *hochanständig, hochaktuell.*
  Außerdem wird zusammengeschrieben bei **übertragener Bedeutung:** *hochtrabende, hochfliegende Pläne; hochgestochen reden.*
- **Getrennt** schreibt man, wenn *hoch* die Bedeutung „weit oben" hat: *sie kann [sehr] hoch springen, hoch (über den Wolken) fliegen.*
- **Getrennt oder zusammengeschrieben** werden können Verbindungen mit einem Partizip:
  ein hoch bezahlter / hochbezahlter Job, hoch besteuerte / hochbesteuerte Einkommen, hoch dotierte / hochdotierte Architektinnen, hoch qualifizierte / hochqualifizierte Akademiker usw.

Horizontale

- Das substantivierte Adjektiv wird überwiegend wie ein echtes weibliches Substantiv gebeugt, im Singular endungslos, im Plural schwach auf *-n (die Horizontalen).*
- Ohne Artikel, z. B. in Verbindung mit einer Zahl, kommt im Plural auch starke Beugung (ohne *-n*) vor: *zwei Horizontalen/Horizontale.*

hunderte/Hunderte

↑ **Groß- und Kleinschreibung**

Hypotenuse

Im Gegensatz zu vielen anderen Wörtern aus dem Griechischen wird *Hypotenuse* ohne *h* nach dem *t* geschrieben.

ich oder du hast/ich und du haben

↑ ***du***

Imperativ

↑ **Befehlsform**

in (in das/in dem Wasser)

Auf die Präposition *in* kann sowohl der Dativ als auch der Akkusativ folgen – je nachdem, was gemeint ist.
Fragt man nach dem Ort („wo?"), steht der Dativ, fragt man aber nach der Bewegung, der Richtung („wohin?"), steht der Akkusativ:

- *Wohin sinkt sie [vom Rand aus]? In das Wasser.*
- *Wo sinkt sie [zu Boden]? Im Wasser.*

Inbus®

Mit einem *n* und **nicht** mit einem *m* schreibt sich der Name des Sechskantschlüssels, denn er ist Kurzwort für *Innensechskantschlüssel [der Firma] Bauer und Schaurte.*

H I

Indirekte Rede

Konjunktiv oder Indikativ?

- Äußerungen der indirekten Rede stehen üblicherweise im **Konjunktiv I:** *Sie sagte, sie komme gern.*
- Wenn die indirekte Rede in einem *dass*-Satz wiedergegeben wird, ist der Konjunktiv nicht nötig, aber möglich: *Sie sagte, dass sie gern komme/kommt.*
- Nur wenn der Konjunktiv I nicht vom Indikativ zu unterscheiden ist *(sie kommen),* ist der **Konjunktiv II** *(sie kämen)* zulässig: *Sie sagten, sie kämen gern.*
- **Wichtig:** Bei der **Umwandlung von direkter in indirekte Rede** müssen alle Hinweise auf Personen, Zeit und Ort an die neue Perspektive angepasst werden: *Frau M. sagte: „Ich bin morgen nicht hier."* → *Frau M. sagte, sie sei am nächsten Tag nicht dort.*

I

Indirekter Fragesatz

Nach indirekten Fragesätzen steht kein Fragezeichen, sie stehen häufig im Indikativ:
Der Chef fragt: „Kommt Frau Goll?"
→ *Er fragt, ob Frau Goll komme/kommt.*

Wann kann man *würde* verwenden?

- Wenn der Konjunktiv II mit dem normalen Imperfekt übereinstimmt, wird er **zur Unterscheidung** durch *würde* + Infinitiv ersetzt: *Sonst wohnten wir dort nicht /* (deutlicher:) *würden wir dort nicht wohnen.*
- Allzu **ungebräuchliche Formen** des Konjunktivs II werden ebenfalls durch *würde* + Infinitiv ersetzt: *Ich würde helfen* (für: *hülfe*). *Sie sagten, sie würden ihn schon lange kennen* (ungebräuchlich: *kennten*).

Infinitiv

Infinitiv mit oder ohne *zu*?

Der Infinitiv erscheint in zwei Formen: als reiner Infinitiv und als *zu*-Infinitiv. Ob beim Infinitiv noch ein *zu* steht, kommt auf den Kontext an:

- Nach den Verben *können, müssen, dürfen, mögen, sollen* steht immer der **reine Infinitiv:** *Sie muss gehen. Er kann schwimmen.*
- Nach manchen Verben, wie *helfen* oder *lernen*, kann entweder der **reine Infinitiv** oder der **Infinitiv** + *zu* stehen: *Er lernt klettern / zu klettern. Sie hilft ihm aufräumen/ aufzuräumen.*
- Wenn der Infinitiv mit seinen Zusätzen das **Subjekt des Satzes** ist, kann er mit oder ohne *zu* stehen: *Ein Buch lesen / zu lesen ist toll.*

I

Wann wird der Infinitiv großgeschrieben?

- Wenn Infinitive als **Substantive** gebraucht werden, schreibt man sie groß: *das Laufen, beim Lernen, zum Weinen.* Auch wenn substantivierte Infinitive aus mehreren Teilen bestehen, schreibt man **groß und zusammen:** *das Skifahren, beim Ballspielen, das Nichtstun, das Nichtwollen.*
- Bei manchen **einfachen Infinitiven,** die z. B. ohne Artikel davor stehen, kann man nicht entscheiden, ob sie als Verben oder als Substantive gebraucht sind. Deshalb kann man sie **groß- oder kleinschreiben:**
  Emma lernt schwimmen. (= Emma lernt es, zu schwimmen.)
  Emma lernt Schwimmen. (= Emma lernt das Schwimmen.)

Informant

↑ ***-and/-ant***

innerhalb

- Diese Präposition steht normalerweise mit **Genitiv:** *innerhalb eines Jahres.*
- Im Plural steht der **Dativ,** wenn der Genitiv nicht erkennbar ist: *innerhalb vier Tagen.*

irgend-

Zusammensetzungen mit *irgend-* schreibt man immer zusammen: *irgendein[er], irgendetwas, irgendjemand, irgendwohin, irgendwie.*

irgendwelche und folgendes Adjektiv

Folgt dem Wörtchen *irgendwelch-* ein [substantiviertes] Adjektiv oder Partizip, dann kann dieses schwach oder stark gebeugt werden: *irgendwelches dumme/dummes Zeug, mit irgendwelchem alten/altem Plunder, die Meinung irgendwelcher klugen/kluger Leute.*

Karosserie

Obwohl *Karosserie* auf das lateinische *carrus* (= Wagen) zurückgeht, wird es im Deutschen schon seit Langem nur mit einem *r* geschrieben.

kolossal

Das Wort hat wie das Substantiv *Koloss* seine Wurzeln im lateinischen *colossus* (= riesige Statue) und wird nach dem ersten *o* nur mit einem *l* geschrieben.

Komitee

Das Wort geht auf das französische *comité* zurück und wird wie dieses nur mit einem *m* und einem *t* geschrieben.

Komma

Das Komma zwischen Sätzen

- **Zwei Hauptsätze** werden durch Komma voneinander getrennt: *Ich gehe heim, Nico bleibt hier.*
  Wenn sie durch die Konjunktionen *und* bzw. *oder* verbunden sind, **kann** ein Komma stehen: *Ich bin müde und ich muss arbeiten. Ich bin müde, und ich muss arbeiten, weil meine Chefin verreist ist.*
  Bei **entgegenstellenden Wörtern** wie *aber, jedoch, doch, sondern* **muss** ein Komma gesetzt werden: *Ich bin müde, aber ich muss arbeiten.*
- **Hauptsatz und Nebensatz** (Gliedsatz) werden mit Komma voneinander getrennt: *Weil ich so viel arbeiten muss, habe ich keine Zeit. Ich habe, weil ich so viel arbeiten muss, keine Zeit.*

K

Das Komma bei Aufzählungen

- Es steht ein Komma, wenn die einzelnen Glieder nicht mit *und, oder, sowie, entweder – oder, sowohl – als auch, weder – noch* verbunden sind: *Er arbeitet schnell, preiswert, zuverlässig, sauber. Er arbeitet schnell und preiswert sowie zuverlässig und sauber.*
- Es muss ein Komma gesetzt werden bei **entgegenstellenden Wörtern** wie *aber, jedoch, doch, sondern:* *Der Maurer arbeitet preiswert, zuverlässig und sauber, aber zeitaufwendig.*

Das Komma bei Vergleichen

- **Einfache** Vergleiche stehen **ohne Komma:** *Er ist größer als sie.*
- **Satzwertige** Vergleiche stehen **mit Komma:** *Er ist größer, als sie es jemals sein wird.*

Das Komma bei Infinitivgruppen

Das Komma muss stehen,

- wenn die Gruppe mit *als, (an)statt, außer, ohne* oder *um* eingeleitet wird: *Der Kollege konnte nichts Besseres tun, als noch eine Weile zu warten.*
- wenn sie von einem **Substantiv** abhängt: *Sie fasste den Entschluss, bald zu kündigen.*
- wenn sie durch ein **hinweisendes Wort** angekündigt oder wieder aufgenommen wird: *Es ist unsere Absicht, das zu tun. Das zu tun, das ist unsere Absicht.*

Das Komma bei Partizipgruppen

K

- Um einen Satz zu gliedern, **kann** man Partizipgruppen mit einem Komma abtrennen, muss es aber nicht: *Das ist[,] grob gerechnet[,] die Hälfte.*
  Er stand[,] den Sekt in der Hand haltend[,] dort.
- Das Komma **muss** gesetzt werden, wenn sich in einem Satz ein Wort oder ein Ausdruck findet, der auf die Partizipgruppe **hinweist:** *Über das ganze Gesicht strahlend, so ging die Kundin aus der Bank.*
- Auch nachgetragene Partizipgruppen müssen als **Zusatz** mit Komma abgegrenzt werden: *Frau Schmidt, früher bei uns angestellt, ist jetzt bei der Konkurrenz.*

Zusätze und Nachträge stehen immer mit Komma

- **Einschübe:** *Am nächsten Samstag, es ist der 9. Juli, findet hier ein Vortrag statt.*
- **Appositionen (Beifügungen):** *Patrick aus dem Archiv, ein abenteuerlustiger Weltenbummler, und unser Redakteur Tim, ein begeisterter Fotograf, sind da.*
- **Nachgestellte Erläuterungen** (z. B. eingeleitet mit *also, besonders, das heißt*): *Das Klima, besonders die großen Temperaturschwankungen, war anstrengend.*

Konfirmand

↑ ***-and/-ant***

längs

Die Präposition *längs* kann mit Genitiv oder mit Dativ stehen: *längs des Zauns / dem Zaun.*

laut

- Die Präposition *laut* kann mit Dativ oder mit Genitiv stehen:
  laut dem/einem amtlichen Nachweis, laut des/eines amtlichen Nachweises, laut ärztlichem Gutachten / laut ärztlichen Gutachtens.
- Folgt ein allein stehendes Substantiv im Singular, dann wird dieses nicht gebeugt:
  laut Vertrag, laut Bericht, laut Übereinkommen, laut Befehl.

leid/Leid

- **Groß** schreibt man das Substantiv *das Leid: jemandem ein Leid antun, sein Leid tapfer tragen, viel Leid erfahren.*
- **Klein** schreibt man, wenn es sich um das alte Adjektiv handelt, das heute nur noch in Verbindung mit den Verben *sein* und *werden* gebraucht wird: *Ich bin es leid / ich werde es leid, mir das immer wieder anzuhören.*
- **Zusammen** schreibt man das Verb *leidtun: es tut mir leid, es wird ihm noch leidtun.*

Listen

↑ **Aufzählungen**

Liter

↑ **Maße und Mengen**

Mädchen: es oder sie?

- Das Substantiv *Mädchen* ist wie alle Substantive auf *-chen* grammatisch sächlich, daher muss zum Beispiel in Relativsätzen „das“ stehen: *Das Mädchen, das* (nicht: *die*) *ihm die Blumen überreichte, ...*
- Bei persönlichen und besitzanzeigenden Fürwörtern sind die weiblichen und die sächlichen Formen möglich: *Das Mädchen geht jetzt in die Schule. Es/Sie ist eine gute Schülerin. Das Mädchen hat gestern seine* (seltener: *ihre*) *Bücher vergessen.*
- Die weibliche Form wird besonders dann bevorzugt, wenn das Fürwort weiter entfernt steht: *Das Mädchen fand rasch Freundinnen. Besonders bemühte sie sich um ihre Tischnachbarin.*

M

mal/Mal

- **Groß** schreibt man, wenn es sich um das Substantiv *das Mal* handelt: *jedes Mal, von Mal zu Mal, ein paar dutzend Mal[e].*
- **Klein** schreibt man *drei mal zwei ist sechs* und wenn es sich um die umgangssprachliche Verkürzung von *einmal* handelt: *Das ist nun mal so!*

Maschine schreiben

Die Fügung wird **getrennt** geschrieben: *ich schreibe Maschine, früher wurde viel Maschine geschrieben.*

Masseurin/Masseuse

Beide weiblichen Bildungen zu *Masseur* konnten früher in gleicher Weise gebraucht werden. Heute hat sich die Form *Masseurin* als allein korrekte Berufsbezeichnung durchgesetzt. Die Form *Masseuse* hat heute meist die Bedeutung „Prostituierte in einem Massagesalon“.

Maß- und Mengenbezeichnungen

Die Maßangabe *(Glas, Liter, Meter …)*: welche Endung?

- **Mit und ohne Endung möglich:**
  in 800 Meter/Metern Höhe
  eine Strecke von zehn Kilometer/Kilometern
  eine Mauer von zehn Meter/Metern Höhe
  ein/einen Meter lang
- **Nur mit Endung:**
  Mit (den) drei Metern kommen wir nicht aus.
  Mit (den) fünf Litern kommen wir nicht weit.
- **Singular und Plural sind korrekt:**
  drei Glas/Gläser Sekt
  zwei Block/Blöcke Schreibpapier

Weglassen der Maßbezeichnung

M

Oft steht nur das Gemessene im Singular mit einem Zahlwort davor: *drei Kaffee, zwei Kognak, drei Eis, vier Bier.*

Das Gemessene (nach der Maßangabe): welche Endung?

- **Ohne Adjektiv:** *ein Glas Wein* (nicht: *Wein[e]s*), *eine Tasse Kaffee* (nicht: *Kaffees*), *der Preis eines Glases Wein* (nicht: *Wein[e]s*).
- **Mit Adjektiv:** *ein Glas edler Wein* (gehoben: *edlen Wein[e]s*), *eine Tasse starker Kaffee* (gehoben: *starken Kaffees*).

Singular oder Plural des Verbs?

Nach einer Maßangabe im Singular und dem Gemesssenen im Plural kann das Verb im Singular oder Plural stehen:
Ein Dutzend Eier kostet/kosten …
Ein Pfund Bohnen wurde/wurden gekocht.
Eine Menge faule Äpfel lag/lagen unter dem Baum.

Menge

- Wenn *Menge* im Sinne von „Anzahl, Menschenmenge" Subjekt ist, muss das Verb in den **Singular** gesetzt werden: *Die Menge stürmte* (nicht: *stürmten*) *das Rathaus.*
- Wenn nach *Menge* das Gezählte im Plural folgt, kann das Verb im Singular oder im Plural stehen:
  Eine Menge Äpfel war/waren faul.

Miene – Mine

Man darf die beiden Wörter nicht verwechseln:

- Das einen Gesichtsausdruck bezeichnende Substantiv *Miene* wird mit *-ie-* geschrieben.
- Das ein Bergwerk, einen unterirdischen Gang, einen Sprengkörper oder eine Kugelschreibereinlage bezeichnende Substantiv *Mine* dagegen mit einfachem *-i-*.

mit und ohne Kinder

- Wenn vor einem Substantiv mehrere Präpositionen stehen, die einen unterschiedlichen Fall nach sich ziehen, dann richtet sich die Beugung des Substantivs nach der letzten vorausgehenden Präposition. Das kommt zum Beispiel bei den Präpositionen *mit* und *ohne* vor: *mit* erfordert den Dativ, *ohne* den Akkusativ:
  Kommt ihr mit oder ohne Kinder?
  Kommt ihr ohne oder mit Kindern?
- Alternativ kann man das Substantiv auch wiederholen oder an der zweiten Stelle durch ein Fürwort ersetzen. Das wirkt aber oft schwerfällig:
  Kommt ihr mit Kindern oder ohne Kinder?
  Kommt ihr mit Kindern oder ohne sie?

Monatsnamen

- Die Monatsnamen stehen meist ohne Endung im Dativ und Genitiv: *im Januar* (nicht: *Januare*), *des Januar, des 12. Januar, des Juni, des 6. Juni.*
  Die Monatsnamen auf *-er* sowie *Mai* und *August* bewahren die Genitivendung häufiger: *am Morgen des 15. Septembers, des Oktobers, des Mais.*
  März dagegen bildet den Genitiv meist endungslos: *des März.*
- Allgemein gilt: Die endungs- und artikellose Form des Monatsnamens steht vor allem dann, wenn ein Substantiv vorangeht:
  Anfang Januar, Mitte Juli, Ende Oktober.
  Auch wenn die Namen beim Wort *Monat* stehen, bleiben sie ohne Endung: *des Monats Januar.*

M N

neben (neben mich / neben mir)

Auf die Präposition *neben* kann sowohl der Dativ als auch der Akkusativ folgen – je nachdem, was gemeint ist. Fragt man nach dem Ort („wo?"), steht der Dativ, fragt man aber nach der Bewegung, der Richtung („wohin?"), steht der Akkusativ:

- *Wo legt er es ab? Neben mir.*
- *Wohin legt er es ab? Neben mich.*

nennen

- Nach *nennen* stehen Akkusativobjekt und das Satzglied, mit dem gleichgesetzt wird, im gleichen Fall:
  Sie nannte ihn einen dummen Jungen (nicht: *Sie nannte ihn ein dummer Junge.*).
- Der (selten gebrauchte) Konjunktiv lautet *nennte* (nicht: *nännte*): *Nennte er doch den Namen!*

nicht

Verbindungen von *nicht* mit einem **Adjektiv** oder einem **Partizip** können **getrennt oder zusammengeschrieben** werden:
die nicht öffentliche / nichtöffentliche Sitzung, dieses Kind ist nicht ehelich / nichtehelich.
Achtung: Nur getrennt schreibt man, wenn sich *nicht* auf größere Satzteile, z. B. einen ganzen Satz, bezieht: *Die Prüfungen sollen nicht öffentlich stattfinden.*

Ortsnamen

- Ableitungen von geografischen Namen auf *-er* werden **immer großgeschrieben:**
  der Hamburger Humor, die Pariser Mode.
- Adjektive auf *-isch* werden nur dann großgeschrieben, wenn sie feste Bestandteile von geografischen Namen sind: *der Bayerische Wald, die Holsteinische Schweiz,* aber: *der badische Wein, chinesische Seide.*

N O P

Parallele

- Das Substantiv schreibt sich zuerst mit zwei *ll,* am Ende mit einem *l.*
- Das substantivierte Adjektiv *Parallele* wird überwiegend wie ein echtes Substantiv gebeugt: (im Singular endungslos) *die Parallele, der Parallele,* (im Plural schwach auf *-n*) *die Parallelen.*
- Ohne Artikel, z. B. mit einer Zahl, heißt es im Plural überwiegend *drei Parallelen* (also wie ein Substantiv), möglich ist jedoch auch *drei Parallele* (entsprechend zu: *drei parallele Linien,* also wie das Adjektiv).

Personennamen

des jungen Dürer / des jungen Dürers?

Familien-, Personen- und Vornamen **mit Artikel** bleiben **ohne Beugung**, der Fall wird durch den Artikel angezeigt:
der Pass des Anton Meyer,
die Werke eines Schiller,
die Bilder des jungen Dürer.

die Gedichte Joseph von Eichendorffs / die Gedichte Josephs von Eichendorff?

- Hat eine Person **mehrere Namen,** dann wird nur der **letzte** (Vorname oder Familienname) gebeugt:
Anna Marias Erfolge, die Werke Rainer Maria Rilkes, ein Gedicht Joseph von Eichendorffs.
- Ist der Familienname jedoch noch deutlich als **Ortsname** zu erkennen, dann wird der Vorname flektiert:
die Lieder Walthers von der Vogelweide.

die Ankunft des Herrn Müller / die Reformen des mächtigen Kaisers Karls

P

- Bei der Fügung **Artikel [+ Adjektiv] + Substantiv + Name** wird der Titel, Rang usw. gebeugt, während der **Name endungslos** bleibt:
die Reformen des [mächtigen] Kaisers Karl, unseres [lustigen] Onkels Paul, der Fleiß meines Sohnes Peter, die Ankunft des Herrn Müller.
- Eine Beifügung *(der Zweite)* steht im gleichen Fall wie das bestimmende Substantiv:
im Dienst des Königs Philipp des Zweiten.

die Regierung Karls/Karl des Großen

Stehen **Name + Beifügung** (aber ohne Substantiv, wie z. B. *König*), werden **beide Bestandteile gebeugt:** *das Leben Katharinas der Großen, ein Enkel Ludwigs des Deutschen, die Regierung Karls des Großen, das Zeitalter Elisabeths I. (= der Ersten).*

Namen mit Bindestrichen?

- Man **kann** einen Bindestrich setzen, wenn in einem Kompositum aus einem Familiennamen als Erstglied und einem Zweitglied beliebiger Art der Name **hervorgehoben** werden soll: *Schiller-Museum, Opel-Vertretung, Hürlimann-Traktoren.*
- Bei **geläufig** gewordenen Bezeichnungen schreibt man dagegen **zusammen:** *Röntgenstrahlen, Dieselmotor.*
- Der Bindestrich **muss stehen,** wenn die Bestimmung zum Zweitglied aus mehreren Namen besteht: *Max-Planck-Gesellschaft, St.-Marien-Kirche.*

Namen im Genitiv (mit Apostroph?)

P

- Namen auf *s, ß, x, z, tz* und allgemein Namen, die auf *s*-Laut enden, zeigen den Genitiv durch Apostroph an: *Moritz' Auto, Demosthenes' Reden, J. Joyce' Einfluss.*
- In anderen Fällen steht ein **Genitiv-s** – im Normalfall **ohne** Apostroph:
  Goethes Gedichte, Julias Heft.

piken, piksen

Die beiden Wörter finden sich häufig mit *ie* geschrieben. Da sie aber ihrer Herkunft nach Nebenformen zu *picken* sind, ist es bis heute bei der Schreibung mit einfachem *i* geblieben.

Plural

Schwankende Plurale

- Manchmal gibt es nebeneinander **Pluralformen mit und ohne Umlaut:**
  Admirale/Admiräle, Nachlässe/Nachlasse, Zwiebäcke/Zwiebacke.
- Manchmal ist eine Form **veraltet** oder nur **regional** verbreitet:

die Böden	(älter, selten:) *die Boden*
die Bogen	(südd., österr., schweiz.:) *die Bögen*
die Erlasse	(österr., schweiz.:) *die Erlässe*
die Kästen	(älter, seltener:) *die Kasten*
die Kragen	(südd., österr., schweiz.:) *die Krägen*
die Lager	(Kaufmannssprache:) *Läger*
die Mägen	(seltener:) *die Magen*
die Schlote	(selten:) *die Schlöte*
die Schlucke	(selten:) *die Schlücke*
die Wagen	(südd., österr.:) *die Wägen*

Ungewöhnliche Plurale

P

Manche Wörter, die in der Allgemeinsprache nur im Singular auftreten, werden **in den Fachsprachen** sowohl im Singular als auch im Plural gebraucht, vor allem zur Bezeichnung von Arten und Sorten: *Bedarfe, Betone/Betons, Blute, Elektrizitäten, Gersten, Hirsen, Milche[n], Verbräuche, Zuwächse.*

Umgangssprachliche Plurale

die Bengels	(standardsprachlich: *die Bengel*)
die Bestecks	(standardsprachlich: *die Bestecke*)
die Fräuleins	(standardsprachlich: *die Fräulein*)
die Jungens	(standardsprachlich: *die Jungen*)

die Kerls	(standardsprachlich: *die Kerle*)
die Kumpels	(standardsprachlich: *die Kumpel*)
die Mädchens	(standardsprachlich: *die Mädchen*)
die Mädels	(standardsprachlich: *die Mädel*)
die Schlingels	(standardsprachlich: *die Schlingel*)

Plural von Abkürzungen und Kurzwörtern

- Reine **Schriftabkürzungen** stehen meistens für den Singular und den Plural: *Hrsg.* kann einen Herausgeber oder mehrere meinen. Früher wurde oft der letzte Buchstabe verdoppelt – das ist heute nicht mehr üblich.
- **Kurzwörter** wie *Kita (Kindertagesstätte), Schiri (Schiedsrichter), Uni (Universität)* erhalten in der Regel einfach **ein Plural-s** *(Kitas, Schiris, Unis).*
- Auch Kurzwörter aus Buchstaben werden meistens mit Plural-s versehen *(NGOs, Pkws).* Die Pluralbildung mit der Endung der Vollform gilt heute als veraltet (also nicht *AGen*, sondern *AGs* für „Arbeitsgemeinschaften").

Plural von Fremdwörtern

↑ **Fremdwörter**

R

recht/Recht

- **Klein** schreibt man das Adjektiv bzw. Adverb: *jemandes rechte Hand sein; jetzt erst recht; das ist mir recht; es geschieht ihm recht; es ist recht und billig; alles, was recht ist, aber ...*
- **Groß** schreibt man dagegen die Substantivierung *der, die, das Rechte,* z. B. in: *Du bist mir der Rechte. Du musst nach dem Rechten sehen.*
  Groß schreibt man auch das Substantiv *das Recht,* z. B. in: *mit/ohne Recht, von Rechts wegen, nach Recht*

und Gewissen, zu Recht bestehen, Recht sprechen, im Recht[e] sein, ein Recht haben.

- **Klein oder groß** kann man schreiben: *sie wird recht bekommen / Recht bekommen, recht behalten / Recht behalten, ich muss ihm recht geben / Recht geben, Sie könnten recht haben / Recht haben, du hast recht/ Recht daran getan.*
- **Nur klein** schreibt man mit Erweiterungen: *Sie haben ja so recht! Wie recht sie hat! Damit hast du völlig recht.*

Reihe (eine Reihe von Leuten sagte/sagten)

- Auch wenn nach *Reihe* die Angabe, woraus die Reihe besteht, im Plural folgt, steht in der Regel das Verb im **Singular**, weil das Subjekt *(Reihe)* formal ein Singular ist: *Eine Reihe Abgeordneter verließ den Saal.*
- Oft wird das Verb aber auch ausgehend vom Sinn in den **Plural** gesetzt – auch das ist korrekt: *Eine Reihe Abgeordneter verließen den Saal.*

Rhetorik

In dem aus dem Griechischen stammenden Wort gehört das *h* zum *R* und nicht zum *t.*

R

Rhythmus

In diesem aus dem Griechischen stammenden Wort steht das *h* sowohl nach dem *R* als auch nach dem *t.*

richtig und falsch / Richtig und Falsch

↑ **Substantivierung oder nicht?**

Rückgrat

Wie bei dem Bergrücken wird hier *Grat* mit *t* geschrieben.

s, ss oder *ß?*

Ein einfaches *s* steht

- nach einem Konsonanten *(Pinsel),*
- für **stimmhaftes** (weiches, gesummtes) *s* am Wortanfang *(Sonne),*
- für **stimmhaftes** (weiches, gesummtes) *s* nach einem Vokal, Zwielaut oder Umlaut in der Wortmitte *(Vase, Reise, böse).*

Ein *ss* steht,
wenn ein **stimmloser** (scharfer, gezischter) *s*-Laut nach einem **kurzen Vokal** steht *(Kuss, Wasser).*

Ein scharfes *ß* steht,

- wenn ein **stimmloser** (scharfer, gezischter) s-Laut nach einem **langen Vokal** oder **Umlaut** steht *(Straße, Blöße),*
- wenn ein **stimmloser** (scharfer, gezischter) *s*-Laut nach den **Zwielauten** *ei, eu, au, äu* steht *(weiß, außen, äußerst).*

Saite/Seite

S

Man muss die gleichlautenden Wörter *Seite* (z. B. eines Buches) und *Saite* (z. B. eines Streich- oder anderen Instruments) genau unterscheiden.

- Die beiden Wörter werden besonders beim übertragenen Gebrauch leicht miteinander verwechselt: *andere Saiten aufziehen, eine Saite seines Wesens zum Erklingen bringen.*
- Dagegen heißt es: *Sie zeigte sich von ihrer besten Seite. Rauchen ist seine schwache Seite. Dem ist nichts an die Seite zu stellen.*

samt

Die Präposition *samt* steht mit dem Dativ: *eine Blume samt Wurzeln, eine Tasche samt allem Inhalt, die Chefin samt ihren Mitarbeitern.*

sämtlich oder *sämtliche?*

Die **endungslose** Form *sämtlich* wird im Sinne von „allesamt, vollzählig" gebraucht *(Die Mitglieder waren sämtlich erschienen.)*

Es gibt also einen Unterschied im Gebrauch:

- *sämtliche erschienenen Mitglieder* (= alle, die erschienen waren),
- aber: *die sämtlich erschienenen Mitglieder* (= die vollzählig, ohne Ausnahme erschienenen Mitglieder).

sämtliche und folgendes Adjektiv

- Das auf *sämtlich-* folgende Adjektiv wird im Singular **stark oder schwach** gebeugt:
  sämtliches irdisches/irdische Leben,
  der Verlust sämtlicher vorhandener/vorhandenen Energie,
  mit sämtlichem gesammeltem / gesammelten Material.
- Im Plural wird es häufiger **schwach** gebeugt:
  sämtliche vortrefflichen Einrichtungen,
  sämtliche Stimmberechtigten.

scheinbar oder *anscheinend?*

↑ ***anscheinend/scheinbar***

schuld/Schuld

- **Groß** schreibt man das Substantiv z. B. in: *Wer trägt Schuld daran? Das ist meine Schuld. Sie hat keine Schuld. Ich gebe ihm nur geringe Schuld. Er hat Schuld [daran]. Ich möchte ihr nicht Schuld geben.*
- **Klein** schreibt man in Verbindung mit *sein: Sie ist nicht schuld. Daran bist du ganz allein schuld.*

sei/wäre

- *Sei* ist die Form des **Konjunktivs I** von *sein*, der vor allem in der indirekten Rede steht: *Sie haben gesagt, Petra sei angekommen. Sie fragten, was los sei.*
- Dagegen ist *wäre* die Form des **Konjunktivs II,** der vor allem bei nicht Wirklichem steht: *Wäre er krank, dann hätte er sich gemeldet. Wenn sie Zeit hätte, wäre sie gekommen.*

Seien Sie so nett oder *Sind Sie so nett ...?*

Es heißt richtig: *Seien Sie so nett ...* (nicht: *Sind Sie so nett ...*), also auch: *Seien Sie* (nicht: *Sind Sie*) *vorsichtig!*

sein

Verbindungen mit dem Verb *sein* werden immer getrennt geschrieben: *Der Laden wird zu sein. Ich bin froh, dabei gewesen zu sein.*

S

seit und *seid*

- *Seid* ist die **Verbform** der zweiten Person Plural von *sein: Seid ihr dabei?*
- *Seit* kommt als **Präposition** *(Seit seiner Prüfung ...)* und als Konjunktion *(Seit sie Sport treibt ...)* vor.

selbst oder *selber*?

Die Form *selbst* gehört mehr der Standardsprache oder der gehobenen Sprache an, die Form *selber* dagegen wird meist als umgangssprachlich empfunden.

Senkrechte

Der Genitiv Singular von *Senkrechte* lautet *der Senkrechten.* Der Plural lautet *die Senkrechten.* Ohne vorangehenden Artikel kann *Senkrechte* im Plural entweder ohne Pluralendung oder mit der Pluralendung *-n* verwendet werden: *zwei Senkrechte* und *zwei Senkrechten.*

sobald/so bald, sooft/so oft, so weit/soweit

Konjunktionen (Wörter, die Sätze verbinden) werden in der Regel zusammengeschrieben. Manchmal gibt es allerdings gleichlautende Wortgruppen (die getrennt geschrieben werden) mit eigener Bedeutung. Sehr oft hört man an der Betonung, wie geschrieben wird:

- Wenn es nur **eine Betonung** gibt, wird in der Regel **zusammenschrieben:** *Sobald ich fertig bin, komme ich raus. Sooft ich anrief, war er beim Kochen. Soweit ich es beurteilen kann, wird sie die Firma verlassen.*
- Wenn **beides,** also auch das *so,* **betont** ist, wird **getrennt geschrieben:** *So bald schaffe ich das nicht. Ich sagte dir so oft, dass ... Es ist bald wieder so weit.*

S

solch (mit Endung?)

Es gibt die **gebeugte und die ungebeugte Form:** *solch feiner Stoff* oder *solcher feine Stoff, das Leben solch frommer Leute* oder *solcher frommen Leute, solch ein Widersinn* oder *ein solcher Widersinn.*

solche (Rechtschreibung)

Man schreibt *solch-* immer **klein:**
es gibt immer solche und solche, ein solcher ist mir unbekannt, solches sollte nicht möglich sein, das Leben als solches, der Mensch als solcher.

solche und folgendes Adjektiv

- Gewöhnlich verhält sich *solcher, solche, solches* wie ein Artikel, das folgende Adjektiv wird daher schwach gebeugt:
  solcher weiche Stoff (selten: *solcher weicher Stoff*), *solches wunderbare Essen, bei solchem grauen Wetter, aus solcher üblen Gesinnung heraus, solche vorsichtigen Versuche, wegen solcher ausgewählten Speisen.*
- Nur im Genitiv Plural finden sich neben den schwachen Formen auch starke:
  die Folge solcher komplizierten/komplizierter Untersuchungen.
- Nach der endungslosen Form *solch* steht immer ein stark gebeugtes Adjektiv:
  solch altes Zeug, solch guter Mensch, bei solch ausgezeichnetem Wetter.

S

sondern (mit Komma?)

Vor *sondern* steht **immer ein Komma.** Es spielt dabei keine Rolle, ob nach *sondern* ein Satz oder nur ein Wort bzw. eine Wortgruppe folgt:
Sie friert nicht, sondern sie hat Angst.
Er hilft nicht nur der Firma, sondern auch dem Verein.

sowohl – als auch

sowohl – als/wie [auch]

- Einem *sowohl* folgt in der mehrteiligen Konjunktion gewöhnlich *als auch:*
  Er beherrscht sowohl Englisch als auch Französisch.
- Es kann aber auch *sowohl – wie auch* gebraucht werden:
  Er beherrscht sowohl Englisch wie auch Französisch.

Mit Komma?

- **Kein Komma** steht vor dem *als:*
  Sowohl die Eltern als auch die Kinder waren krank.
  Diese Rede überzeugte sowohl ihre Freunde als auch ihre Gegner als auch alle anderen Anwesenden.
- Ist *sowohl – als auch* mit Nebensätzen verbunden, werden immer **Kommas** gesetzt, um diese abzugrenzen. Im folgenden Beispiel ist der *dass*-Satz ein Nebensatz und wird mit Komma abgetrennt (*sowohl – als auch* gehört zum übergeordneten Satz):
  Er behauptet sowohl, dass er ein guter Stürmer sei, als auch, dass er das Tor hüten könne.
- Wenn *sowohl* inhaltlich zu einer Infinitivgruppe gehört, die mit Komma abgetrennt wird, so setzt man das Komma vor *sowohl:*
  Er behauptet, sowohl ein guter Stürmer zu sein als auch das Tor hüten zu können.

S

Singular oder Plural?

- Beides ist korrekt: *Sowohl sein Freund als auch seine Frau hatte/hatten ihn verlassen.*

Sprachbezeichnungen

das Deutsch / das Deutsche

- Um die betreffende Sprache ganz allgemein zu bezeichnen, verwendet man die **Form auf** *-e: Die Erzählungen wurden aus dem Japanischen ins Englische übersetzt. Das Deutsche gehört, wie auch das Französische und das Italienische, zu den indoeuropäischen Sprachen.*
- Die **Form ohne** *-e* bezeichnet meist zusammen mit einem Artikel eine besondere Art oder Ausprägung der betreffenden Sprache, etwa die einer bestimmten Epoche, eines Einzelnen oder einer bestimmten Gruppe: *Mein Englisch ist nicht besonders gut. Das heutige Deutsch ist anders als das frühere.*
  Auch nach *kein* steht die **endungslose Form:** *Ich kann noch kein Italienisch.*
  Die Sprachbezeichnungen ohne *-e* bleiben meistens ohne Endung: *des Russisch, des Deutsch.*

Groß- und Kleinschreibung

S

- **Kleinschreibung** gilt für Sprachbezeichnungen in Verbindung mit Verben, wenn sie mit „wie?" erfragt werden können: *Sie wollen sich französisch unterhalten. Der Brief ist englisch geschrieben. Redet sie jetzt deutsch oder holländisch?*
- Nach den Wörtern *auf, in* und *zu* schreibt man Sprachbezeichnungen **groß:**
  Am Ende des Artikels steht eine Zusammenfassung auf/ in Deutsch. Ihre Gedichte schreibt sie auf Deutsch, ihre Prosatexte auf Englisch.
  Das heißt auf gut Deutsch (= geradeheraus, freimütig) *Faulheit.*

Stadt und statt

- Wörter mit *Stadt-* haben etwas mit der Bedeutung „größerer Ort“ zu tun: *Stadtzentrum, Städtetag.*
- Bei Wörtern mit *statt-* hilft es meistens, wenn man darauf achtet, ob sie etwas mit der Bedeutung *Statt* = „Platz, Stelle“ zu tun haben: *stattfinden, Gaststätte.*

Steigerung

↑ **Vergleichsformen**

Substantivierung oder nicht?

gut und böse oder *Gut und Böse?*

Die substantivierten Adjektive schreibt man **groß:** *nichts Böses ahnen, im Guten wie im Bösen, jenseits von Gut und Böse, er kann nicht Gut und Böse unterscheiden.*

richtig und falsch oder *Richtig und Falsch?*

- **Klein** schreibt man die Adjektive: *Das ist richtig, nicht falsch* („wie?“).
- **Groß** schreibt man die Substantivierungen: *Sie kann Falsch und Richtig* („was?“) *nicht unterscheiden.*

Arm und Reich

Allgemein gilt **Großschreibung** in festen Wortgruppen und in nicht gebeugten **Paarformeln** zur Bezeichnung von **Personen:** *Arm und Reich, Groß und Klein kamen zum Fest.*

S

aus/von nah und fern, durch dick und dünn

In **festen Ausdrücken** mit Adjektiven, die nicht gebeugt sind und keinen Artikel haben, schreibt man die Adjektive klein, auch wenn Wörter wie *aus, von, durch* an eine Substantivierung denken lassen: *gegen bar, von klein auf, durch dick und dünn, über kurz oder lang, von nah und fern.*

Ich übte mit ihm rechnen/Rechnen

- **Groß** schreibt man den substantivierten Infinitiv. Er ist meist durch ein Artikelwort, eine Präposition oder ein Attribut gekennzeichnet: *das Heizen, lautes Schnarchen, zum Kochen bringen.*
- Wenn ein Erkennungsmerkmal fehlt, kann ein Infinitiv als Verb oder als Substantiv verstanden werden, dann sind **Groß- und Kleinschreibung** gerechtfertigt:
  Ich übte mit ihm [zu] rechnen.
  Denn glücklich [zu] sein ist eine Kunst.
  Ich übte mit ihm [das] Rechnen.
  Denn [das] Glücklichsein ist eine Kunst.

↑ **Infinitiv**

subsumieren

Im Gegensatz zum Verb *summieren* wird *subsumieren* mit nur einem *m* geschrieben.

Sympathisant

↑ ***-and/-ant***

Tabellen

↑ **Aufzählungen**

S T

tausende/Tausende

↑ **Groß- und Kleinschreibung**

Terrasse

Dieses Wort geht auf das lateinische *terra* (= Erde) zurück; deshalb schreibt man es mit zwei *r.*

timen

Beim Verb *timen* entfällt das *e* in der Beugung wie bei vielen deutschen Verben: *ich time, du timst, wir haben getimt.*

Titel und Berufsbezeichnungen

Beugung

- **Titel ohne Namen**
  Ein Titel oder eine Berufsbezeichnung ohne einen nachfolgenden Eigennamen wird gebeugt:
  die Rede des Herrn Ministers, er hat dem Präsidenten …
- **Titel + Eigenname**
  Steht ein Titel oder eine Berufsbezeichnung ohne Artikel oder Fürwort vor einem Eigennamen, dann wird nur der Name gebeugt:
  Staatsanwältin Schneiders Sondervotum, die Günstlinge Königin Christines von Schweden, der Sieg Kaiser Karls des Großen, Oberärztin Dr. Hahns Visite.
- **Artikel/Fürwort + Titel + Eigenname**
  Nur der Titel oder die Berufsbezeichnung werden gebeugt, wenn sie mit Artikel oder Pronomen vor einem Eigennamen stehen (bei mehreren Titeln o. Ä. nur der erste):
  das Haus des Direktors Meyer, die Politik des Fürsten Metternich, die Stellungnahme des Präsidenten Minister a. D. Hambacher.

Rechtschreibung

T

- **Großgeschrieben** werden Adjektive, Partizipien, Artikel- und Zahlwörter als **Teile eines Titels:**
  Erste Staatsanwältin, Regierender Bürgermeister, Erste/Zweite Vorsitzende, Seine Magnifizenz.
- **Kleingeschrieben** werden Adjektive in Berufsbezeichnungen:
  Er ist technischer Zeichner, sie medizinisch-technische Assistentin.

tod- oder *tot-*?

Man hört den Unterschied am Wortende nicht und einen Bedeutungsunterschied gibt es auch nicht, daher helfen diese Faustregeln:

- Zusammengesetzte **Verben** werden meist mit *tot-* gebildet: *totkriegen, totlaufen.*
- Zusammengesetzte **Adjektive** werden meist mit *tod-* gebildet: *todkrank, todsicher.*
- Wenn *tod-* die Bedeutung „sehr, äußerst" hat, schreibt man *tod-: todlangweilig, todernst.*

trotz

- Die Präposition *trotz* steht heute gewöhnlich mit dem **Genitiv:** *Sie gingen trotz des Regens viel spazieren.* Früher war der Dativ nach *trotz* üblich, heute ist er noch in Süddeutschland, Österreich und der Schweiz zu hören. In ein paar festen Fügungen *(trotz allem, trotz alledem)* und bei *trotzdem* erkennt man ihn noch.
- Allgemein kommt der **Dativ** noch vor, wenn **kein Artikel** vorhanden ist: *trotz nassem Asphalt.* Er steht vor allem dann, wenn der Genitiv im Plural nicht erkennbar ist: *trotz Beweisen, trotz Atomkraftwerken.*

über (*über dem/das Nest*)

T U

Auf die Präposition *über* kann sowohl der Dativ als auch der Akkusativ folgen – je nachdem, was gemeint ist. Fragt man nach dem Ort, so steht der Dativ, fragt man aber nach der Bewegung (der Richtung) steht der Akkusativ:

- *Wo fliegt der Vogel? Über dem Nest.*
- *Wo fliegt der Vogel entlang? Über das Nest.*

Uhrzeit

- Bei Uhrzeiten werden *halb* und *viertel* in der Regel **kleingeschrieben:** *in drei viertel Stunden* (oder *drei Viertelstunden*). Wir treffen uns um *halb neun. Der Unterricht beginnt um drei viertel acht. Es ist viertel neun.*
- Substantiviert schreibt man **groß:** *Es ist (ein) Viertel vor zwei, Viertel nach eins.*

unrecht/Unrecht

↑ ***recht/Recht***

unter (unter dem/den Baum)

Auf die Präposition *unter* kann sowohl der Dativ als auch der Akkusativ folgen – je nachdem, was gemeint ist. Fragt man nach dem Ort („wo?"), so steht der Dativ, fragt man aber nach der Bewegung, der Richtung („wohin?"), steht der Akkusativ:

- *Wo legt er es ab? Unter dem Baum.*
- *Wohin legt er es ab? Unter den Baum.*

updaten, upgraden

↑ **Anglizismen**

Verb

Unter den folgenden Stichpunkten sind Hinweise zu häufigen Fehlern bei Verben zu finden:

↑ **Getrennt- und Zusammenschreibung**
↑ **Groß- und Kleinschreibung**
↑ **indirekte Rede**
↑ **Infinitiv**
↑ **Substantivierung**

Vergleichsformen

trockener/trockner

Adjektive auf *-er* und *-en* können in der ersten Steigerungsstufe (Komparativ) **mit oder ohne** *e* gebildet werden:
ein heit[e]reres Wetter, finst[e]rere Gesichter, ein trock[e]neres Handtuch, noch bitt[e]rere Not.

als* oder *wie?

Das Vergleichswort bei der ersten **Steigerungsstufe** (dem Komparativ) ist in der Standardsprache *als:*
Peter ist größer als Klaus.
Nur beim **gleichen Grad** heißt es *wie: Peter ist so groß wie Klaus.*

schwerer wiegend* oder *schwerwiegender?

In den meisten Fällen kann entweder der erste oder der zweite Bestandteil gesteigert werden:
schwerwiegendere Bedenken / schwerer wiegende Bedenken, weiter tragend / weittragender, weiter reichend / weitreichender, weitestgehende/weitgehendste.

optimaler* und *am erstklassigsten?

Nicht zu empfehlen ist die Steigerung, wenn

- Adjektive Eigenschaften im Sinne von unveränderlichen Qualitäten bezeichnen:
  einzig, endgültig, schriftlich, mündlich, viereckig, leblos, rund, sterblich.
- die Adjektive bereits einen höchsten oder geringsten Grad bezeichnen:
  erstklassig, entgegengesetzt, hauptsächlich, voll, vollendet, privat, individuell, extrem, maximal, minimal, total, universal, optimal.

Vertikale

- Das substantivierte Adjektiv *Vertikale* wird überwiegend wie ein echtes Substantiv gebeugt, d.h. im Singular endungslos (Genitiv und Dativ: *der Vertikale,* Akkusativ: *die Vertikale*), im Plural auf *-n: die Vertikalen.*
- Ohne Artikel, z.B. in Verbindung mit einer Zahl, kommt im Plural auch starke Beugung wie bei einem gewöhnlichen Adjektiv vor: *zwei Vertikalen* oder *zwei Vertikale* (wie: *vertikale Linien*).

viel (mit Endung?)

- *Viel* bleibt vor Substantiven ohne Adjektiv meist ungebeugt, im Plural schwankt die Beugung:
  Mit viel Geld kommt man weit. Ein Aufsatz mit vielen / mit viel Fehlern.
- Im Genitiv Plural wird immer die gebeugte Form verwendet: *der Lohn vieler Mühen.*

viel und folgendes Adjektiv

- Wenn *viel-* gebeugt ist, steht das folgende Adjektiv im Singular überwiegend mit der gleichen Endung:
  vieler unnützer Kram, mit vieler bedingungsloser Liebe, viele nette Menschen, trotz vieler guter Bücher.
- Überwiegend schwach gebeugt wird das Adjektiv nach *viel-* im Nominativ, Dativ und Akkusativ Singular von sächlichen Wörtern und im Dativ Singular von männlichen Wörtern: *vieles überflüssige Verhandeln, mit vielem unnötigen Zögern/Fleiß.*
- Nach der endungslosen Form *viel* stehen regelmäßig stark gebeugte Formen:
  Viel gutes Reden nutzte nichts. Viel schöner Schmuck wurde getragen. Mit viel gutem Rat begann er die schwere Aufgabe.

viel (Groß- und Kleinschreibung)

- Das unbestimmte Zahlwort *viel-* schreibt man in allen seinen Formen **klein:** *in vielem, mit vielem, um vieles; wer vieles bringt ...; ich habe viel[es] erlebt.*
- Es ist aber **Großschreibung zulässig,** wenn hervorgehoben werden soll, dass **kein unbestimmtes Zahlwort** gemeint ist: *das Lob der vielen,* auch: *der Vielen* (= der breiten Masse).

viel (Zusammen- und Getrenntschreibung)

- Beispiele für **Getrenntschreibung:** *iss nicht so viel, zu viel, zu viele Menschen, viel zu viel, allzu viel, soundso viel.*
- **Zusammenschreibung** gilt, wenn *viel* Teil eines Bindeworts ist, das einen Nebensatz einleitet: *Soviel ich weiß, steht noch nichts fest.*
- In Verbindung mit Partizipien kann **getrennt oder zusammengeschrieben** werden: *ein viel besprochener / vielbesprochener Fall, ein viel diskutiertes / vieldiskutiertes Thema.*
- **Achtung:** Bei **erweiterten Formen** ist nur Zusammenschreibung richtig, weil sich die Erweiterung **auf die ganze Verbindung** bezieht, nicht auf *viel* allein: *ein vielsagender / viel sagender Blick* – aber nur: *ein noch vielsagenderes Beispiel.*

vor (vor mich / vor mir)

V

Auf die Präposition *vor* kann sowohl der Dativ als auch der Akkusativ folgen. Fragt man nach dem Ort („wo?"), so steht der Dativ; fragt man aber nach der Bewegung, der Richtung („wohin?"), steht der Akkusativ:

- *Wo legt er es ab? Vor mir.*
- *Wohin legt er es ab? Vor mich.*

Voraussetzung

Auch wenn man oft meint, zwei *r*-Laute zu hören, wird das Wort *voraus* nur mit einem *r* geschrieben.

Waagerechte

Das substantivierte Adjektiv schwankt zwischen schwacher und starker Beugung.

- **Mit Artikel** wird es nur schwach gebeugt. Genitiv: *der Waagerechten,* Plural: *die Waagerechten.*
- **Ohne Artikel** kommt im Plural auch starke Beugung vor: *zwei Waagerechten* und *zwei Waagerechte.*

während

Die Präposition *während* steht gewöhnlich mit dem **Genitiv,** was man schon an der festen Wendung *währenddessen* erkennt. Es heißt also: *während des Unterrichts, zwei Stunden, während deren sie sich langweilte.*
Ausnahme: Wenn der Genitiv nicht zu erkennen ist, wird auf den Dativ ausgewichen: *während fünf Monaten des Wartens.*

Währungen

Genitiv

Der Genitiv kann meist mit oder ohne *s* gebildet werden: *des Euro* oder *des Euros, des Dollar* oder *des Dollars.*

Singular oder Plural?

- Währungen stehen in der Regel im Singular: *in Dollar* (nicht: *Dollars*) *zahlen, in Euro wechseln.*
- Es gibt Pluralbezeichnungen, die sich dann in der Regel auf die **einzelnen Münzen oder Scheine** beziehen: *Auf seine Dollars kann er verzichten.*

Mit Zahlen
In **Verbindung mit Zahlwörtern** bleiben Währungsbezeichnungen ungebeugt:
das kostet 4 000 Euro, im Wert von 300 Dollar, das Bild hat 80 Pfund gekostet.

Währungszeichen vor oder hinter dem Betrag?
- Die Währungseinheit steht meist nach dem Betrag, weil sie auch erst nach der Zahl gesprochen wird: *270,00* **€***.*
- In Aufstellungen und im Zahlungsverkehr kann man das Währungszeichen aus Gründen der besseren Übersicht auch voranstellen: **€** *3,45; EUR 0,05.*

wäre oder *sei?*

↑ ***sei/wäre***

wegen

- Nach *wegen* steht, besonders im schriftlichen Sprachgebrauch, der **Genitiv:**
  wegen des schlechten Wetters, wegen der besonderen Umstände.
- In der Umgangssprache und regional wird *wegen* häufig mit dem **Dativ** verbunden, besonders im mündlichen Sprachgebrauch. Wenn der Genitiv nicht zu erkennen ist, wird immer auf den Dativ ausgewichen:
  wegen Geschäften verreist sein.
- Steht *wegen* hinter dem Wort, auf das es sich bezieht, steht immer der **Genitiv:**
  des Kindes wegen, Karins wegen sind wir hier geblieben.

Weibliche Titel und Berufsbezeichnungen

- Zu nahezu allen Titeln und Berufsbezeichnungen existieren die weiblichen Formen, die sich auch weitestgehend durchgesetzt haben, z. B.: *Professorin an der Musikhochschule, Bundesministerin für Arbeit und Soziales, der Titel Diplomkauffrau, Diplompädagogin, Magistra Artium.*
- Die feminine Form des Titels wird auch in der Anrede verwendet: *Sehr geehrte Frau Staatssekretärin/Ministerialrätin/Staatsanwältin/Oberschulrätin!*

weil

Mit der Konjunktion *weil* werden in der geschriebenen Sprache Nebensätze eingeleitet, das Verb steht also wie bei allen Nebensätzen am Ende:
Sie kann nicht mitkommen, weil sie keine Zeit hat.

weismachen

Das Wort hat nichts mit der Farbbezeichnung *weiß* zu tun, sondern kommt vom alten *wīs machen (= klug machen, belehren, kundtun),* daher schreibt es sich mit *s.*

wenig (mit Endung?)

Zwischen den endungslosen Formen und den Formen mit Endung besteht häufig ein Unterschied:

- *Er verkehrt mit wenig gebildeten Leuten:* Hier kann *wenig* als nähere Erläuterung zu *gebildet* verstanden werden; es wird also der Bildungsstand der Leute näher beschrieben.
- *Er verkehrt mit wenigen gebildeten Leuten:* Hier ist *wenig* nähere Erläuterung zu *Leute*; es wird in diesem Fall etwas über die Anzahl der Leute ausgesagt.

wenig und folgendes Adjektiv

- Nach *wenig-* wird das folgende (substantivierte) Adjektiv oder Partizip fast immer parallel (in gleicher Weise) gebeugt:
  mit weniger, konzentrierter Kraft; die Anwesenheit nur weniger hoher Minister; wenige Verwandte besuchten uns.
- Nur im Dativ Singular männlicher und sächlicher Wörter überwiegt (vor allem bei Substantivierungen) die schwache Beugung:
  eine Mischung aus wenigem Sichtbaren und viel Unsichtbarem, nach wenigem kurzen Beraten.
- Nach der endungslosen Form *wenig* wird das folgende (substantivierte) Adjektiv regelmäßig stark gebeugt:
  wenig gutes Essen, wenig treue Freunde.

wenig (Groß- und Kleinschreibung)

- Im Allgemeinen wird *wenig-* **kleingeschrieben:**
  ein wenig, ein weniges, ein klein wenig, die wenigen, zum wenigsten,
  wenige glauben, dass ...,
  das wenigste, was du tun kannst, ist ...,
  sie beschränkt sich auf das wenigste,
  die wenigsten glauben ...
- Bei Substantivierung ist auch **Großschreibung** möglich. Die Substantivierung ist z. B. an einem Artikel, einem Pronomen oder einer Präposition erkennbar:
  das, dies, dieses wenige/Wenige (Geringfügige),
  weniges/Weniges genügt,
  mit wenig[em]/Wenigem auskommen,
  in dem wenigen/Wenigen, was erhalten ist.

wider- oder *wieder-*?

- *Wider-* drückt einen Gegensatz aus: *widersprechen* (= sich **gegen** eine Meinung äußern), *widerstehen* (= sich **gegen** jemanden oder etwas behaupten).
- *Wieder-* drückt eine Wiederholung im Sinne von „erneut“ oder „zurück“ aus: *Ich werde es dir wiedergeben, wenn wir das wiederholen.*

wie (mit welchem Fall?)

an einem Tag wie jedem anderen / wie jeder andere

Das vergleichende *wie* kann

- eine **vergleichende Beifügung** einleiten (die im **gleichen Fall** wie das Bezugswort steht): *an einem Tag wie jedem anderen.*
- einen **Vergleichssatz** einleiten (dann steht der **Nominativ**): *an einem Tag, wie jeder andere einer ist.*

Korrekt ist also beides: *an einem Tag wie jedem anderen / wie jeder andere.*

eines Politikers wie er

Der Nominativ steht aber immer, wenn der Bezugsausdruck im Genitiv steht und die *wie*-Gruppe ein Fürwort oder ein Eigenname ist: *die Verdienste eines Politikers wie er* (nicht: *wie seiner*), *das Werk eines großen Dichters wie Hölderlin* (nicht: *wie Hölderlins*).

er behandelt ihn wie einen Idioten / wie ein Idiot

Der *wie*-Vergleich steht im gleichen Fall wie das Bezugswort: *Er behandelt ihn* („wen?“) *wie einen Idioten* („wie wen?“). Manchmal hängt die Bedeutung davon ab: *Der Kerl behandelt ihn wie ein Idiot* (= Bezug auf *Kerl*) / *wie einen Idioten* (= Bezug auf *ihn*).

W

winken: gewinkt oder *gewunken?*

Das Partizip II von *winken* lautete ursprünglich *gewinkt*. Heute gilt aber auch die Form *gewunken* als standardsprachlich; sie wird sogar häufiger als *gewinkt* verwendet.

wir Deutschen / wir Deutsche

Nach einem persönlichen Fürwort wird das substantivierte Adjektiv im **Nominativ Plural** heute im Allgemeinen **schwach** gebeugt:
wir Deutschen (selten: *wir Deutsche*).

womit/mit was? – woran/an was? – worauf/ auf was? – wovon/von was?

- Verbindungen wie *an + was (An was hast du das erkannt? Ich frage mich, an was das liegt.)* kommen in der **gesprochenen** Sprache recht häufig vor.
- Im **geschriebenen** Standarddeutsch sind die mit *wo* gebildeten Formen üblich: *Womit hat er dich überrascht? Woran hast du das erkannt? Worauf sollen wir uns verlassen? Wovon bist du überzeugt?*

würde statt Konjunktiv?

- Der Konjunktiv II wird durch *würde* + Infinitiv ersetzt, wenn er mit der Form der einfachen **Vergangenheit übereinstimmt,** um das Nichtwirkliche der Aussage deutlich zu machen: *Sonst wohnten wir dort nicht /* (deutlicher:) *würden wir dort nicht wohnen.*
- Außerdem kann die *würde*-Konstruktion auch anstelle **altertümlich** wirkender Konjunktiv-II-Formen gebraucht werden: *Ich würde helfen* (für: *hülfe*), *wenn ich Gelegenheit dazu hätte. Wenn sie das Buch kennen würden* (für: *kennten*), *könnten sie es beurteilen.*

Zahlen und Ziffern

Ziffern oder Buchstaben?

Man kann Zahlen sowohl in Ziffern als auch in Buchstaben schreiben. Die alte Buchdruckerregel, nach der die Zahlen von 1 bis 12 in Buchstaben und die Zahlen von 13 an in Ziffern zu setzen sind, gilt heute **nicht** mehr.

Zusammen, getrennt oder mit Bindestrich?

- Zahlen unter einer Million werden zusammengeschrieben, Angaben über einer Million dagegen getrennt: *eintausendneunhundertfünfundsechzig*, aber: *zwei Millionen dreitausendvierhundertneunzehn.*
- **Zusammensetzungen** mit Ziffern als Erstglied schreibt man mit Bindestrich: *8-Tonner, 4-Kanter, 14-karätig.*
- Ziffern mit **Nachsilben** schreibt man jedoch ohne Bindestrich: *die 68er, 32stel, ver307fachen.*
- Zusammensetzungen aus Ziffern + *fach* können mit Bindestrich oder zusammengeschrieben werden: *8-fach/8fach, 1,5-fach/1,5fach.*

Bruchzahlen

- Bruchzahlen werden **kleingeschrieben,** wenn sie vor Maß- und Gewichtsangaben stehen: *ein viertel Zentner Mehl, ein achtel Kilo, drei tausendstel Sekunden.*
- Werden Bruchzahlen allerdings als Substantive gebraucht, dann schreibt man sie **groß:** *ein Drittel, drei Fünftel, ein Achtel des Betrages, ein Viertel des Weges.*

8 mal 2 ist* oder *sind 16?

Korrekt ist: *Acht mal zwei ist, macht, gibt* (nicht: *sind, machen, geben*) *sechzehn.*

Zeitangaben

↑ **Datum**, ↑ **Uhrzeit**

Zitieren

↑ **Anführungszeichen**

zuhause / zu Hause

- Die Verbindungen mit *Haus* werden getrennt geschrieben: *außer Haus[e], nach Hause, zu Haus[e]* (aber: *das Zuhause*), *sich auf einem Gebiet zu Haus[e] fühlen* usw.
- Neben der Getrenntschreibung ist auch die Zusammenschreibung korrekt bei: *Wir sind zu Haus[e] / zuhaus[e]. Wir gehen nach Hause / nachhause.*

zustande / zu Stande

Man kann getrennt oder zusammenschreiben. Vom folgenden Verb wird jedoch immer getrennt geschrieben: *Er hatte noch nichts zustande / zu Stande gebracht.*

zu viel, zu wenig

Unabhängig von Betonung und Beugung werden *zu viel* und *zu wenig* immer getrennt geschrieben:
Er weiß zu viel über die Sache. Es waren zu viele Menschen auf dem Platz. Das sind zu wenig / zu wenige Jastimmen.

zwischen (zwischen mich und ihn / zwischen mir und ihm)

Auf die Präposition *zwischen* kann sowohl der Dativ als auch der Akkusativ folgen – je nachdem, was gemeint ist. Fragt man nach dem Ort („wo?"), so steht der Dativ; fragt man aber nach der Bewegung, der Richtung („wohin?"), steht der Akkusativ:

- *Wo legt sie es ab? Zwischen mir und ihm.*
- *Wohin legt sie es ab? Zwischen mich und ihn.*